谨以此书庆祝

中国共产主义青年团成立 100 周年

革命文物承载青年使命与精神

浴血奋战　百折不挠

初心　信仰　榜样　忠诚　奋斗　胜利

自力更生　发愤图强

勇气　朝气　锐气　志气

解放思想　守正创新

先声　改革　坚守　为民

2022 年江苏省主题出版重点出版物

中华优秀革命文化读物

《革命文物青年说》编写组　编

南京师范大学出版社

图书在版编目（CIP）数据

革命文物青年说 /《革命文物青年说》编写组编 . —
南京 : 南京师范大学出版社 , 2024.3
（中华优秀革命文化读物）
ISBN 978-7-5651-5209-2

Ⅰ . ①革… Ⅱ . ①革… Ⅲ . ①革命文物—中国—青年
读物 Ⅳ . ① K871.6-49

中国国家版本馆 CIP 数据核字（2024）第 035250 号

革命文物青年说
GEMING WENWU QINGNIAN SHUO

编　　者	《革命文物青年说》编写组
责任编辑	崔　兰
出版发行	南京师范大学出版社
地　　址	江苏省南京市玄武区后宰门西村 9 号（邮编：210016）
电　　话	（025）83598919（总编办）　83598412（营销部）
	83371351（编辑部）
网　　址	http://press.njnu.edu.cn
电子信箱	nspzbb@njnu.edu.cn
排　　版	南京私书坊文化传播有限公司
印　　刷	江苏凤凰扬州鑫华印刷有限公司
开　　本	890 毫米 ×1240 毫米　1/32
印　　张	7.5
插　　页	4
字　　数	144 千
版　　次	2024 年 3 月第 1 版
印　　次	2024 年 3 月第 1 次印刷
书　　号	ISBN 978-7-5651-5209-2
定　　价	68.00 元

出 版 人　张　鹏

编委会成员

前言

　　党的十八大以来，党和国家高度重视青年成长成才。在庆祝中国共产党成立 100 周年大会上，习近平总书记深情寄语新时代的中国青年："要以实现中华民族伟大复兴为己任，增强做中国人的志气、骨气、底气，不负时代，不负韶华，不负党和人民的殷切期望！"广大青年生逢伟大时代、肩负光荣使命、续写新的青春华章，离不开百年党史的滋养润泽和革命精神的赓续传承。

　　革命文物承载党和人民英勇奋斗的光荣历史，记载中国革命的伟大历程和感人事迹，是党和国家的宝贵财富，是弘扬革命传统和革命文化、加强社会主义精神文明建设、激发爱国热情、振奋民族精神的生动教材，对培根铸魂、协同育人作用特殊，对改进和加强新时代青年教育工作意义重大。

　　2021 年是党和国家历史上具有里程碑意义的一年，2022年召开党的二十大，中国共青团也迎来了建团 100 周年。为积极响应党和国家关于加强革命文物保护利用、提升青年精神素养的重要指示，在共青团江苏省委的指导下，南京师范大学与国网江苏省电力有限公司共同组织编写《革命文物青年说》一书，号召广大青年深入挖掘江苏大地具有重要教育意义的革命文物背后的故事和精神，切实把革命文物保护好、利用好，以革命文物为载体，发挥好革命文物在党史学习教育、革命传统教育、爱国主义教育等方面的重要作用。积极引导广大青年从党的历史中传承老一辈共产党人"革命理想高于天、崇高精神永不过时"的崇高信仰，深刻领悟社会主义是干出来的，新时代是奋斗出来的，进一步巩固对中国特色社会主义的坚定信念和对实现中华民族伟大复兴中国梦的必胜信心，牢记"央企姓党"，心系"国之大者"，切实增强忠诚于党、热爱国家、报效祖国的政治担当，不断深化对习近平新时代中国特色社会主义思想的情感认同、实践认同。

　　本书共包括 3 章 14 个主题，26 个文物故事。"浴血奋战　百

折不挠"章包含了"初心""信仰""榜样""忠诚""奋
斗""胜利"6个主题，其中包括雨花英烈贺瑞麟的《死前日记》，
该日记写于1928年9月28日至10月5日临刑前的一周。在日
记中，贺瑞麟记述了自己从一个满腔热血、报国无门的"个人
英雄主义者"成长为充满理想的"无产阶级革命者"的心路历
程，而把这些日记和资料完整地交给党组织，成了贺瑞麟最后
的心愿。在他牺牲前，他将日记和书信转交给即将出狱的难友
刘德超，嘱咐他待革命成功后交给党组织。1928年10月6日，
贺瑞麟从容地走向南京雨花台刑场，献出了年仅19岁的生命。
他的英勇不屈和崇高的理想信念感染着每一位狱中的革命者。
1995年，贺瑞麟的《死前日记》经江苏省和南京市文物部门
相关专家评估，被评为国家一级文物。2019年，雨花台烈士
陵园管理局运用现代化的技术手段，在专家指导下对其进行了
修复，使这件珍贵文物获得了"重生"，这也成为雨花台烈士
纪念馆的"镇馆之宝"。还有一件与电力相关的文物也被列为
国家一级文物，那便是"京电号"小火轮。"京电号"小火轮
是一艘钢质蒸汽机动船，在1949年渡江战役中曾搭载邓小平、

陈毅渡长江，立下赫赫战功，现收藏在南京市博物总馆下辖的渡江胜利纪念馆。

"自力更生　发愤图强"章包含了"勇气""朝气""锐气""志气"4个主题，其中包括不可移动文物南京长江大桥。该桥于1968年建成通车，是长江上第一座由中国人自行设计和建造的双层式铁路、公路两用桥梁。这座公路、铁路两用桥，开创了中国人民依靠自己的力量建设大型桥梁的新纪元，成为中国桥梁事业的新起点；这座大桥上的每一根钢架、每一颗铆钉，都凝结着建设者们勇创第一、自力更生、精益求精的时代精神。还有一件电力方面的文物是江苏常州供电公司电力工人刘景林于1954年获得的"先进工作者"奖状，荣誉的背后是老一辈电力工人积极践行着"特别负责任、特别能战斗、特别能吃苦、特别能奉献"的电网铁军精神，与"争先领先率先、务实创新奋进"的江苏电力特质一脉相承，深刻展现了老一辈电力人在那个激情燃烧的岁月里听指令、敢打拼、不服输的高贵品质，道明了属于那个时代的精神内涵。

"解放思想　守正创新"章包含了"先声""改革""坚

守""为民"4个主题，其中包括"江苏农村改革第一村"石碑。这块石碑记录了泗洪县上塘镇垫湖村群众曾因贫穷而绝望，后依靠奋斗和开拓，闯出农村改革新局面，成为全省最早以"公社"为单位全面推行联产承包责任制的历史见证。"江苏农村改革第一村"——短短9个字，见证了40多年前那一段惊心动魄的江苏农村改革史，展现了上塘人"敢为人先、敢想敢做"的创新精神。还有一件文物是国家电网江苏电力（如东公司退役军人）共产党员服务队的红马甲，这件红马甲背后体现了"电力人"为民服务、守护万家灯火的责任与担当，而如东共产党员服务队是电力人践行"人民电业为人民"企业宗旨的杰出代表。

每一件革命文物，都从不同方面展现着党的梦想和追求、情怀和担当、牺牲和奉献。学习革命文物背后的故事和精神对于提升新时代青年的精神素养具有重要意义，相信各位青年朋友一定会从本书中汲取精神力量，以永不懈怠的精神状态和一往无前的奋斗姿态，在新时代新征程上不辱使命、奋勇搏击。

本书是在共青团江苏省委指导下集体智慧的结晶。由国网江苏省电力有限公司的青年员工，以及南京师范大学、复旦大学、中山大学等部分高校青年师生共同编写。编写过程中，得到了南京师范大学、国网江苏省电力有限公司及其下属单位国网宿迁供电公司等相关单位领导和专家的帮助，以及江苏省内外众多革命纪念场馆的大力支持。特别让我们感动和感谢的是，图书编写过程中得到了原南京军区政委方祖岐上将的肯定和鼓励。方将军不仅高度评价本书的意义和价值，而且欣然为本书题写书名，为我们编写好此书、传承好革命精神提供了莫大鞭策。南京师范大学出版社编辑老师们付出了艰辛努力。编写过程中还参阅了众多专家学者的研究成果，不能一一列出，在此一并表示诚挚的感谢。

由于时间紧，能力水平有限，书中难免有不当之处，真诚欢迎读者提出宝贵意见。

王　磊

2022 年 5 月

目录

第三章

解放思想　守正创新

第一章

浴血奋战　百折不挠

初
心

八号门事件旧址
——见证江苏最早党组织的诞生

名称丨革命纪念标志碑"八号门事件旧址"

年份丨1991 年立

收藏单位丨徐州市人民政府

文物等级丨江苏首批 100 个红色地名

在江苏省徐州市市中心附近，坐落着拥有百年历史的徐州西站。站内，一块刻着"八号门事件旧址"的石碑，记录了一段中国共产党历史上有着重要意义的大事件：陇海铁路工人以徐州铜山站（徐州西站原址）"八号门事件"为导火索，举行了一场声势浩大的全线大罢工，江苏最早的中共党支部也因此成立。[①]

陇海铁路原名"陇秦豫海铁路"，其最初修建计划是修成连接甘肃兰州到江苏海州的东西交通大动脉，但实际东端修筑了开封至徐州段后，就暂停了。1915 年，陇海铁路修到徐州后，在北城门外修建了火车站，取名铜山站。[②]

由于这段铁路是依靠外资修建起来的，管理人员大多都是洋人，这些洋人对铁路工人残暴欺压，随意裁员、殴打工人、克扣工资、无视人权。因此，陇海铁路工人劳动强度很大，收入却极其微薄，甚至遭到层层盘剥后，薪资还拖延欠发，生活

---

① 岳旭：《"八号门"催生江苏第一个党支部》，《党课》，2021 年第 16 期。

② 胡卓然：《江苏最早党组织的创建之路》，《群众·大众学堂》，2021年第 5 期。

十分凄苦。此外，陇海铁路特别规定，中外职员同工不同酬，外籍职员工资最高、华籍职员仅为外籍职员的 1% 左右。1921 年，法国人若里被任命为陇海铁路机务总管，他对待工人尤为苛虐。这使得铜山车站机车厂的洋雇员和官僚恣行无忌，不仅在经济上残酷榨取工人血汗，而且以恣意凌辱工人为乐。当时，铜山站机车工厂的洋人和官僚命人制作了一副石象棋，每枚棋子重达 14 千克。洋人每次下棋，都要驱使 4 名铁路工人在以路轨为棋盘线的巨型棋盘上前后搬动棋子，令工人们苦不堪言，如今仅存的一枚石棋子被珍藏在徐州市史志办。

据《劳动周刊》史料记载，为了限制工人的自由，若里在机厂大门设置了唯一的出入口——八号门。这道门的开关时间完全由洋雇员决定，进了八号门如同进了牢狱，工人们也因此将此门称为"鬼门关"。

1921 年 11 月 8 日，到了下班时间，工人陆续走近八号门，准备出厂回家。然而把门者却称"奉洋人之命，票车已到，不得通过"，将下班工人关在门内，这引发了部分工人与把门者的争执。铜山站的工人们恳求说："辛苦了半天，还没有吃一顿饭。请即开门，以便回家就食，至于怕闲人混入，我们的衣服容易分别。"但是，管理人员不但不采纳工人的请求，反以洋人势力相恫吓。相持许久终于忍无可忍的工人们猛力挤开八号门。没想到，洋人以此为契机，串通中方副厂长借此机会破坏该厂的工人组织老君会，诬称两位负责人柴凤祥、王辅"打门而出"，拘押两人并宣布开除，这就是著名的"八号门事件"。[①]

"八号门事件"发生后，为了取得全路工友的同情和支持，在铜山车站机车厂老君会的秘密发动下，工人代表刁玉祥前往开封、郑州、洛阳等地，与当地铁路工人约定全线将于11月20日进行大罢工，并推举姚佐唐为罢工委员会负责人。

当日上午，铜山机厂首先罢工。中午12时，开封、洛阳等处来电，告知全路同时罢工。午后，陇海铁路各站工人举行罢工誓师大会，宣布陇海铁路全线大罢工。帝国主义在中国的东西经济大动脉，一天之内就被陇海线上的工人切断了，正如媒体报道中所说，"千里陇海铁路，像断了脊骨的长蛇，僵死在中州大地上"。铜山站工人领袖姚佐唐在誓师大会上慷慨激昂地宣读了《敬告全国各路同胞同业兄弟们，恳乞求助声援》的宣言书，历数法国、比利时等帝国主义对陇海铁路的暴虐统治，列举陇海铁路大总管、法国人若里的十条罪状。姚佐唐号召工人兄弟坚决进行"反虐待、争人格、光国体"的斗争。会上工人们迸发出长期压抑在胸的怒火，情绪激昂，呼声震天。会后工人们纷纷举行示威游行，张贴传单，发表演讲，放声歌

---

① 徐州市历史编写办公室编：《徐州史料（党史资料专刊）》（内部刊物），1982年第三辑，第1-2页。

唱自己编的斗争歌曲。陇海铁路罢工的消息传开后，中国各地工人和社会各界纷纷表示声援，陇海怒火越烧越旺。

1921 年 8 月，作为中国共产党领导工人运动的公开组织，中国劳动组合书记部在上海成立，并在北京等地建立了分部。陇海铁路工人大罢工的消息引起了中共北方区委和中国劳动组合书记部北方分部的高度重视。为了使罢工顺利进行，确保斗争的最终胜利，李大钊亲自组织召开北方区委会议，对陇海铁路工人大罢工的形势进行了细致的分析，并派劳动组合书记部北方分部主任罗章龙前往陇海铁路指导工人运动，协助工人谈判，对罢工给予全力支持。

罗章龙与陇海铁路罢工指挥机关取得联系后，做了大量工作。一是在罢工沿线各车站、矿山组织筹建党团，领导罢工斗争；二是在罢工沿线各地建立工人组织，将工人团结起来；三是在罢工各地区建立宣传网络与通信网，发动工人积极宣传罢工消息，不断壮大罢工队伍；四是抵抗帝国主义与军阀势力的反动活动，确保罢工的顺利进行。这些工作对罢工的最终胜利起到了至关重要的作用。

罢工坚持到第 7 天，陇海铁路局已损失 30 余万元，洋人和军阀政府不得不改变强硬态度，于 11 月 26 日被迫答应工人们的条件，罢工取得完全胜利。次日下午，陇海全路罢工委员会召开会议，通过了四项决定：一是召集全体工人庆祝胜利；

二是通过组织陇海全路总工会，一切按中国劳动组合书记部规定工会规章办理；三是陇海铁路总工会加入劳动组合书记部为会员；四是请书记部正式派专人驻徐州、开封、洛阳工会工作。[①]

陇海铁路工人大罢工是中国工人运动史上由中国共产党领导的第一次大规模并取得胜利的工人运动，极大地鼓舞了年轻的中国共产党。罢工胜利后，陈独秀特地写信给罗章龙，评价道："陇海罢工，捷报先传，东起连云，西达陕西，横亘中州，震动畿辅，远及南方"，盛赞此次罢工是"我党初显身手的重大事件"。

随后，中国共产党开始筹建陇海铁路总工会，并派李震瀛前往协助。1922 年春，李震瀛发展姚佐唐、程圣贤（铜山车站机车厂领工）、黄钰成（铜山车站电厂工人）3 人入党，中共陇海铁路铜山（徐州）站支部正式成立了，由姚佐唐担任支部书记。江苏第一个党组织就此在徐州成立，江苏人民革命史在这里翻开了具有里程碑意义的一页。

尽管当时尚在北洋军阀的黑暗统治之下，党支部无法进行大型的公开活动，但在维护工人权益、落实复工条件等方面，仍坚持做了大量工作，并在工人中积极传播革命思想。

---

① 杨洪建：《铜山站：光芒最炽的时刻是在 1921 年》，《铁道知识》，2021 年第 4 期。

中共陇海铁路铜山站支部的建立，标志着党领导江苏人民的革命斗争有了一个崭新的开端，踏上了争取民族独立和人民解放的伟大征程，在中国工运史上和革命史上留下了光辉篇章。江苏党组织从徐州的铜山车站党支部开始，得到了不断的发展和壮大。

当前，党史学习教育正如火如荼地进行，想要学好党史，不仅仅要学习书本上党的历史，更要从身边的革命文物、革命事迹中了解党的历史，传承红色基因。党的十八大以来，习近平总书记多次强调："要讲好党的故事、革命的故事、根据地的故事、英雄和烈士的故事，加强革命传统教育、爱国主义教育、青少年思想道德教育，把红色基因传承好，确保红色江山永不变色。"[①] 党的十九届六中全会通过的党的第三个历史决议也指出："要源源不断把各方面先进分子特别是优秀青年吸收到党内来，教育引导青年党员永远以党的旗帜为旗帜、以党的方向为方向、以党的意志为意志，赓续党的红色血脉，弘扬党的优良传统，在斗争中经风雨、见世面、壮筋骨、长才干。"[②]

---

① 习近平：《用好红色资源，传承好红色基因，把红色江山世世代代传下去》，《求是》，2021 年第 10 期。

② 《中共中央关于党的百年奋斗重大成就和历史经验的决议》，人民出版社 2021 年版，第 74 页。

一百年来，中国共产党在江苏从无到有、不断壮大。"八号门事件"与江苏第一个党支部的诞生不仅标志着中国共产党在江苏的建立，更为江苏人民熔铸了革命信仰与红色基因，就像一把火炬，照亮了江苏广袤的大地。自江苏第一个党支部成立后，无数共产党人前仆后继，投身革命，将激情与热血倾洒在这片土地上，他们勇于担当、牢记使命，激励着一代又一代中国共产党人接续前进，在开启全面建设社会主义现代化国家新征程上，续写中华民族伟大复兴的新篇章。

参考文献

吴珏:《开天辟地:1921—1935》，东方出版社 2011 年版。

张磊:《姚佐唐:喋血雨花的工运领袖》，《世纪风采》，2018 年第 8 期。

赓续百年初心　点亮万家灯火

名称 | 宿迁市戴场村最后一盏煤油灯

年份 | 1999 年

收藏单位 | 国网宿迁供电公司

文物等级 | 未定级

地处宿迁境内骆马湖中的戴场岛，四面环水，这里的 150 多户渔民祖祖辈辈靠着油灯过生活，几乎与现代化隔绝。20 世纪 90 年代，该村成为江苏省最后一个无电村。这煤油灯便是宿迁市戴场村上最后一盏煤油灯，它的背后有怎样的故事？这要从宿迁供电公司的女农电所长王邦玲说起。

"如果用电有困难，找王邦玲准行。"在宿迁市郊井头镇提起这位全市农电系统唯一的女所长王邦玲，几乎无人不识。巾帼不让须眉，工作 30 年来，王邦玲总是心中装着百姓，秉持人民电业为人民的初心，视客户为亲人，风雨无阻为父老乡亲守护光明。她的足迹踏遍 6 个乡镇、近百个村组、厂矿田头，为客户服务上万次，办用电事 1 200 多件，累计为困难户、失学儿童等捐助资金 4 万多元、学习用品 2 500 多件，义务检修电力设备 3 482 台套，排除用电故障 2 260 多次。她被称为"铁娘子""农电铿锵玫瑰"，其事迹先后被《国家电网报》、《中国电力报》、江苏电视台等媒体报道。

一、危急关头冲在前

1999 年，王邦玲调任骆马湖乡供电所所长。上任第二天，她就驾着小木船来到戴场岛。年关将近，当她看到在昏暗的煤油灯下，渔家孩子脸上被油烟熏得黑乎乎时，她心里酸酸的。

88 岁的王张氏老太太拉住王邦玲的手说："闺女，俺嫁到渔岛上 60 多年，从来没有见过电灯是什么样的。"见此情景，一向坚强的王邦玲流泪了。她紧紧地握住张大娘的手坚定地说："大娘，您老放心，我们一定想办法让您亮亮堂堂过大年。"那一年，适逢骆马湖出现百年不遇的大旱，湖底现滩。王邦玲抓住这千载难逢的机遇，当晚就召开全所人员会议，精心制定出戴场岛通电方案。在上级支持下，几天后她就带着扶贫架电突击队上岛了。隆冬时节，寒风刺骨，湖面结冰，施工难度相当大。运杆全是七八个人用绳子一点点拉，肩膀都被磨出了血泡。湖底的烂泥给立杆增加了难度。为了让渔民早日用上电，王邦玲和十多名电工自带干粮，吃住在孤岛上，开水、咸菜、煎饼成了他们每天就餐的"三大件"。施工中运杆、挖塘、拉线，样样重活王所长抢着干。由于过度的劳累她病倒了，大家多次劝她回所休息，她却说："眼下正是架电紧要关头，我怎能忍心退下去呢？"经过 16 个日日夜夜的苦战，终于赶在春节前把光明送到了岛上。

农民出身的王邦玲，血液里流淌着农家儿女质朴的热血，对农民朋友怀有亲人般的真诚感情。只要是客户用电的事，她总是那样用心用情服务，真情播撒。多年的艰辛工作，练就了她"大局为重、雷厉风行"的工作风格。每当遇到艰难险阻、重苦脏活时，她总是在所不辞，冲在最前。她常说："向我看！跟我走！"2003 年"非典"疫情袭击皂河镇，时任皂河镇供电所所长的王邦玲干脆就卷起铺盖住在所里，日夜守在抗"非"和抗洪一线，哪里有危情，哪里就有她忙碌的身影。5 月 12 日下午 3 时 10 分，她接到镇政府紧急通知，要求在晚上 7 点之前，整改好镇敬老院里的用电设备，6 名已从北京疫区返乡的疑似"非典"病人在院中治疗。接到这个有危险性的特殊任务，所里员工心头一紧，万一被传染上"非典"怎么办？"疫情就是命令！"正当大家犹豫之时，王邦玲站起来，高声地说，"大家不要多想，非常时期，是党员、团员的跟我走！"于是她带领 5 名党团员，穿戴好防护设备，10 分钟赶到敬老院。在架电过程中，6 名疑似"非典"病人，还不时靠近电工，看他们架电。在险情面前她和员工沉着应战，3 个小时顺利完工，保证了防治中心及时用电。

二、舍小家为大家

跨进农电战线 30 多年来，王邦玲一路拼搏，从王集到滨河，从骆马湖到黄墩，从皂河到井头，再到城南供电所，宿迁市 7 大乡镇的山山水水、村村组组、厂矿田头，都洒下她一滴滴辛勤的汗水。那是 2005 年 6 月中旬，王邦玲正任宿迁市西北片的皂河镇担任供电所所长，一场几十年不遇的狂风暴雨袭击宿迁大地，皂河成为重灾区。闫南、耀五等村 5 条 10 千伏和 8 条 400 伏高低压线路多处发生倒杆断线，上千户村民用电陷入瘫痪。"故障就是命令！"雨夜伸手不见五指，为了查实故障点，她带领 5 名电工打着手电筒，深一脚浅一脚在乡间泥水路上沿线巡查，被雨水淋得个个像落汤鸡一样，查完 20 多千米线路，天都快亮了。回到所里，她火速组织 3 个抢险小分队，马不停蹄地奔向故障点，把倒在导线上的树杈清理掉，把刮断的电杆、线路重新更换。她站在泥水里既当指挥员又当战斗员，午饭就在田埂上吃干粮、喝冷水。经过连续 2 天奋战，直到全线恢复供电，她才终于松了一口气。

但在 12 岁独生女儿的眼里，王邦玲却是个"狠心"的妈妈。去年 3 月她完成保春灌用电任务回到家已是晚上 9 点多钟，小孩爸不在家，当她看到女儿腮腺发炎，高烧不止，触摸到女儿滚烫的小脸蛋时，一向坚强的她再也无法控制自己的眼泪。她连夜把孩子送到医院打吊针，第二天一早，孩子刚好一点，几乎一夜未合眼的她又出现在施工现场。

王邦玲常说："舍小家就要有一股狠劲！"几年前，她的老母亲被确诊为肺癌晚期。由于供电所在三湾村整改高低压线路，脱不开身，她硬是让老父亲带母亲去上海治疗。街坊邻居在背后议论："老王的女儿可真够狠心的。"可王邦玲父母明白，女儿不是狠心，而是把工作看得太重了。

皂河供电所员工们都说："我们的女所长她一干起工作来就发狠，男同志难以克服的困难，她都做到了，并且干得更优秀，不能不佩服！"

三、"知情达理的女所长"

2008年初，王邦玲调任宿迁市北郊的井头镇供电所所长。随着地方经济的迅猛发展，前来井头镇投资的客商与日俱增。电网建设、线路清障、居民搬迁、电费收缴等，出现了前所未有的难度。如何既能做好客户服务，又能出色地完成工作任务？身为供电所所长，王邦玲肩上的重担似千斤，但她迎难而上，刚柔相济，真情付出。

2010年，宿迁市委市政府投资180亿，在骆马湖畔的井头镇新建一座占地近2万亩的运河文化城。项目多、投资大、时间紧、任务重，涉及克先、新窑、陆庄等5个行政村的3 680户居民电力设施拆迁安装。为了出色完成"天下第一难"的电力拆迁任务，王邦玲吃不安、睡不宁。"再难也要干！就是不吃饭、不睡觉也要完成这项政治任务，让政府满意！让客商用上电！"面对拆迁工程用电事项，她精心制订保电方案，并带领几名骨干技术员配合拆迁办现场跟踪服务，保证了拆迁户安全用电。

当年6月中旬，在克先村架设低压线路时，供电所遇到一户叫宋绍宽的村民。该户是当地出了名的"难缠户"，阻止施工人员立杆，并且扬言"谁要把电杆埋在他家地里，我就和他拼命！"施工人员同他商量，他却大吵大闹，真是"刀枪不入"。当施工人员把杆坑挖好，他随手就给填上，施工人员再挖，他就跳进杆坑里，死活不让立杆，村里干部们也束手无策。眼看着工程进度受到严重影响，王邦玲心急如焚，但她并没有采取强硬措施，而是凭着爱心、耐心和细心，一天3次来到宋老汉家中，一遍又一遍和他讲道理，晓之以理，动之以情，耐心地去解释说服，要他顾全大局，并倾听他的意见。真情所致终于打动了宋老汉，使他愉快地支持拆迁工作。后来宋老汉逢人就说："俺老汉活了这几十年，还没遇到像这样知情达理的女所长，俺真服了。"

参加工作30多年来，王邦玲总是扎根基层，视客户为亲人，她尽心履职，用行动践行着"你用电，我用心"的服务理念，用柔情谱写了一曲铿锵玫瑰奉献劳动之歌。她先后28次被省市供电公司评为"优质服务标兵""十佳供电所所长""优秀共产党员""巾帼建功标兵"；2014年以来，王邦玲又荣获"中国好人"、国家电网"最美国网人"等称号。

参考文献

庄学召：《"中国好人"王邦玲》，《中国电业》，2014年第8期。

信仰

毕生寻真理　家书表初心

名称｜高文华烈士家书

年份｜1926—1931年间

收藏单位｜南京市雨花台烈士陵园管理局

文物等级｜国家三级文物

在雨花台烈士纪念馆展厅内，陈列着不少身穿戎装的烈士肖像，他们当中有一部分是出自黄埔军校的共产党人。他们风华正茂、英姿勃发，在大革命时期，立志从军、征战疆场。大革命失败后，他们为了心中的信仰，投身为民众求解放的光明道路，忠贞不渝、至死无悔，高文华就是其中一员。

1922 年，高文华离开家乡无锡到南京东南大学附属中学勤工俭学。他一边读书，一边在学校附近的书店当学徒，在解决上学与生活费用的同时，也获得了免费阅读书籍的机会。以此为契机，高文华接触到了《新青年》等进步刊物，受到了深刻的影响。后来，高文华回忆道："……当时的环境，家里经济恐慌到极点……简直是非常的消极，否认社会，简直否认一切……幸而教员和同学好，他们介绍了不少 Max（马克思）的思想，因而生活上，思想上便渐渐地改正了。终于积极到革命，跑到广东去进黄埔……"①

---

① 陈喜庆主编：《中国共产党人的故事（第一辑）遗书遗志卷》，中国方正出版社 2017 年版，第 147 页。

1925 年，高文华投笔从戎，考入黄埔军校第三期。随后，他参加了东征讨伐军阀陈炯明的战斗。经过战争的洗礼，高文华逐渐从一个"娃娃兵"成长为连队指导员，他不仅与士兵同吃同睡，还经常关心士兵的生活状况，帮助他们解决问题，赢得了士兵们的尊重与拥戴。在学习与战斗的过程中，高文华结识了许多共产党员，并在他们的影响与引导下开始阅读马克思主义相关书籍，如《共产党宣言》《共产主义 ABC》《社会科学大纲》等。通过学习，高文华认识到，"光一个人觉悟了是没有用的，一定要团结起来，推倒一切恶势力，解放自己。这种推倒恶势力的方法，唯一只有宣传革命"。此后，高文华毅然决然地加入了中国共产党，成了真理的追求者。

1926 年 1 月，高文华从黄埔军校毕业，5 月进入广州国民政府高级政治训练班学习。一天，他接到父亲的来信，说已经为他在胶济铁路找到一份月薪 60 大洋的工作，希望他前去就职。在当时，60 大洋不是个小数目，高文华却不为所动，他给父亲回信说：

> 我接你来信，见你和母亲要我回去就山东铁路职务，实极奇怪。你既知我之意志，为何再写出这种信来？我是一个革命者，我怎会受钱的牵动呢？老实说，山东有六百元、六千元一月的事，我都不做的。你们要我回来

又做什么呢？要到山东又怎样？山东也是离家，广东也
是离家，有什么两样呢？你要我回来，什么方法都是不
行的，早已与你们讲过的，"英雄一去不复还矣"。我
的能否与你们再见面，实极难料，请父母勿奢望汝子罢！
汝子仅能于此矣。①

北伐途中，蒋介石、白崇禧等军阀派系极力拉拢高文华，
对他表示特别关照。高文华不为所动，大义凛然地揭露国民党
右派的真面目。在被迫离开北伐军后，高文华前往中山日报社，
继续进行革命宣传。

四一二反革命政变发生后，高文华根据组织安排，回到家
乡无锡继续从事革命活动，任共青团无锡县委宣传委员，担负
起党和团的宣传工作。八七会议召开后，高文华积极组织当地
农会发起武装暴动，利用自己黄埔军校毕业生的公开身份调查
国民党驻军、警察、商团的人员与枪支配备情况，并担任起地
下交通站的联络工作，为无锡地区的农民暴动作出了重要贡献。

1927 年 11 月，在无锡县党委、团委秘密机关遭到破坏的
严峻时刻，他临危受命，接任县团委书记，努力恢复组织，继
续斗争。1928 年 3 月，高文华外出联络工作时被敌人发现，

---

① 雨花台烈士陵园管理局编：《雨花英烈家书》2，南京出版社 2017 年版，
第 27–28 页。

不幸被捕。危急时刻，高文华迅速将手头的党团组织成员名单吞进腹中。敌人用尽酷刑，高文华却始终只有一句话："要头有，要名单没有。"敌人审问了三个月一无所获，只得将高文华送交南京国民党特种刑事法庭，以"组织反革命团体并执行重要任务"为由，判处他"二等徒刑九年"。对此，高文华不以为然，他在给妹妹的信中写道：

> 妹，这九年里，我可以静心读书，以求人生及社会各方面之必需学问和知识……吃官司是一件好事。尤其是政治上的犯罪……真理终永恒的存在于宇宙中。现在善恶虽不能分清，但总有分清一日。①

虽然身陷囹圄，高文华仍然坚持战斗。他在狱中写诗，写文章，追求真理，歌颂共产党领导的人民革命。他在写给父亲的信里说道：

> 做人不吃苦，人是不能算人的，我们也真像吃青果一样的有滋味，我们在辛涩的里面有甜味。我们虽然苦，但我们的良心没有受罪。我们虽然苦，我们依旧有我们

---

① 陈喜庆主编：《中国共产党人的故事（第一辑）遗书遗志卷》，中国方正出版社 2017 年版，第 151 页。

至高无上的精神的愉快。总之，我们是真理的追求者，

我们是最公正无私的人，我们是最快活的人呀！①

狱中的非人生活和敌人的残酷迫害，使高文华身体受到了严重摧残，他终因敌不住伤寒病痛的侵袭，于1931年7月16日不幸去世。这个正值青春年华尚不满24岁的革命者，没有留下任何钱财，留下的只有近百封信件和《端午》《屈原》《饿囚之哀叫》《饿囚之死》等多首战斗诗篇，这些书信激励无数后人不畏艰险，为中华民族的复兴而不懈奋斗。

习近平总书记2014年在江苏视察时指出："在大革命时期，江苏是我们党活动和战斗的重要区域，在雨花台留下姓名的烈士就有1 519名。他们的事迹展示了共产党人的崇高理想信念、高尚道德情操，为民牺牲的大无畏精神。"②

以高文华为代表的雨花英烈用革命实践塑造了中国共产党人的光辉形象，面对公与私的选择，他们每每能破除私心、成全公义。在共产主义信仰的支撑下，他们丝毫不为金钱所动，为实现民族独立与人民解放献出了宝贵的生命。在真理的呼唤

① 雨花台烈士陵园管理局编：《雨花英烈家书》，南京出版社2016年版，第45页。

② 王智主编：《雨花英烈精神》，人民出版社2020年版，序言第1页。

下，即便身陷囹圄，他们仍是最快活的人。他们用身躯与意志凝聚而成的雨花英烈革命精神是中国共产党人精神谱系的重要组成部分，是中华民族最宝贵的精神财富之一。

雨花英烈的事迹充分说明，共产党人在关键时刻，必须选择舍小家为大家，要为人民谋幸福、为民族谋复兴。对于中国共产党人来说，看重的乃是家国大义，这是共产党人的人格魅力，也是中国共产党一步步走向强大的"精神密码"。当下，民族复兴的脚步渐渐加快，光明前景已展现在我们面前，历史的重任交接到我们手中，如何无愧于人民、无愧于时代，是摆在新时代共产党人面前的时代之问。雨花英烈的事迹告诉我们，只有将国家大义放在心中，抛却个人私利，心底无私，天下为公，才能将各行业、各民族的人民凝聚在中国共产党周围，形成磅礴伟力。担当公义，为民谋利，这是共产党人的义利观，也是共产党人在"小我"与"大我"之间作出的选择，这种选择的背后既体现着党的性质宗旨、初心使命，也充分彰显出信仰的强大力量。

参考文献

中共江苏省委党史工作办公室、中共南京市委党史工作办公室、雨花台烈士陵园管理局编：《雨花魂》，中共党史出版社 2015 年版。

诀别信中的信仰与担当

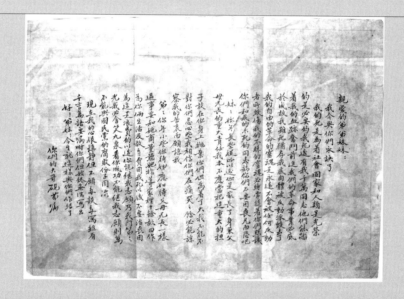

名称 | 史砚芬烈士家书

年份 | 1928 年

收藏单位 | 南京市雨花台烈士陵园管理局

文物等级 | 未定级

这是一封血迹斑斑的诀别信。

1928年9月27日，传统中秋佳节的前一天。天刚蒙蒙亮，一个穿着整齐的年轻人昂首走向了雨花台的刑场。他的名字叫史砚芬，时年25岁。史砚芬牺牲后，他的家人冒着危险赶到雨花台收殓遗体，在他的内衣口袋，发现了这封血迹斑斑的诀别信。

亲爱的弟弟妹妹：

我今与你们永诀了。

我的死是为着社会、国家和人类，是光荣的，是必要的。我死后，有我千万同志，他们能踏着我的血迹奋斗前进，我们的革命事业必底于成，故我虽死犹存。我底肉体被反动派毁去了，我的自由的革命的灵魂是永远不会被任何反动者所毁伤！我的不昧的灵魂必时常随着你们，照护你们和我的未死的同志，请你们不要因丧兄而悲吧！

…………

我死以后，不要治丧，因为这是浪费的。以后你能继我志愿，乃我门第之光，我必含笑九泉，看你成功；不能继我志愿，则万不能与国民党的腐败份子同流。

现在我的心很镇静，但不愿多谈多写，虽有千言万语要嘱咐你们，但始终无法写出。

好！弟妹！今生就这样与你们作结了。

你们的大哥砚芬嘱

这封诀别信写在一张宣纸上，可以看到，信的笔迹工整，行笔从容细腻，字里行间不仅包含着对亲人的万分柔情与眷眷不舍，也寄托了信主人对未竟革命事业的炙热希冀。这封堪称共产党员革命精神的宣示书向我们真实地传达了史砚芬在生死关头的所思所想，引领着我们走进并读懂中国共产党人崇高的内心世界。

史砚芬，化名余晨华，1903 年出生于江苏宜兴。母亲对他从小就寄予厚望，教导他要做一个正直善良的人；由于史砚芬的祖父曾经参加过太平天国运动，从小听着爷爷事迹长大的史砚芬也逐渐树立了除暴安良的志向。家庭教育的熏陶，不仅对史砚芬的人生产生了重要影响，也为他日后走上革命道路奠定了基础。

史砚芬童年时父亲就已经去世，家里并不宽裕。为了让史砚芬能够读书识字，将来出人头地，母亲省吃俭用送他到私塾先生那里学习。史砚芬也不负众望，考入常州江苏省立第五中学。学习期间，史砚芬深知家庭重担，读书机会不易，因此学习特别刻苦用功。也正是在这一时期，史砚芬接触了进步思想，革命的种子逐渐在心中萌芽。

1919 年，正在中学读书的史砚芬投身五四爱国运动的洪流，积极追求救国救民的真理。不久，史砚芬到南昌投奔舅父，在南昌担任审判厅文书一职。这一时期，他逐渐了解到江西、湖南等地的群众运动，接受了革命思想的熏陶，对于当时国内的革命形势与国民党有了初步的了解。1926 年，因祖母去世，史砚芬返回宜兴。这时，轰轰烈烈的大革命正如火如荼地进行，为了支援大革命，具有进步思想的史砚芬积极动员和组织家乡群众响应北伐，并加入了国民党，担任国民党宜兴党部宣传部部长。1927 年春，北伐军抵达宜兴，史砚芬负责接应任务，他的才能逐渐显露，不仅待人诚恳，工作也认真负责，得到了国民革命军赖世璜部政治代表季伟佩的欣赏。在与北伐军的交往中，史砚芬开始接触马列主义思想，逐步树立起共产主义信念。在季伟佩的介绍下，他加入了共产主义青年团，不久转为中共党员。

蒋介石发动反革命政变后，史砚芬秘密潜伏在宜兴，并担任共青团宜兴县委书记。在这期间，史砚芬多次组织与领导群众运动，同国民党展开了激烈斗争。1927 年 8 月到 10 月间，宜兴陆续发生了"教师索薪""农民抗粪捐""双十节驱逐县长施方白"三次斗争，史砚芬正是这三大运动的组织者与领导者。1927 年 10 月，根据中共八七会议精神和江苏省委的指示，中共宜兴县委决定发动农民秋收暴动。史砚芬被任命为暴动副总指挥，主要负责宣传工作与发动青年学生。在史砚芬等人的组织领导下，共青团宜兴支部迅速动员，组成宣传队伍到街头巷尾张贴标语、散布传单、发表演说。11 月 1 日，著名的"江南农民暴动第一枪"——宜兴农民暴动爆发了，暴动队伍一举攻占了县城，并宣告成立了宜兴工农委员会。因敌我力量悬殊，农民起义遭到国民党反动派的残酷镇压。史砚芬等暴动负责人转移到上海，在共青团江苏省委工作。

　　1928 年春，史砚芬作为共青团江苏省委巡视员来到南京，被任命为共青团南京市委书记。此后，史砚芬在学生中频繁地开展工作，并积极在学生和工人中建立党和团的组织。此时坐落于市中心的中央大学，虽然是国民党严密管控的一所大学，但学校内进步思想浓厚。为了坚守党组织争取学生的重要阵地，史砚芬不顾个人安危，多次参加中央大学团支部会议，并积极指导工作。5 月 5 日，史砚芬在中央大学附近的鸡鸣寺参加中央大学团支部会议后不幸被警察逮捕，旋即押送至公安局。①

　　后来，敌人得知史砚芬参加过宜兴农民暴动，并担任副总指挥，便将他押送到南京卫戍司令部看守所。在阴森的监狱里，史砚芬受尽了敌人的严刑拷打，但他始终严守党的秘密，坚贞

---

① 《虽死犹存烈士魂》，《当代江西》，2019 年第 1 期。

不屈。此外，史砚芬以笔为武器，写下了《夜莺啼月》等文章，揭露国民党统治的黑暗，表达了对共产主义美好理想的向往。敌人对宁死不降的史砚芬束手无策，最后以"意图颠覆党国"为名判处他死刑。

史砚芬的狱友，同为共产党员的贺瑞麟烈士在《死前日记》里真实地记录了史砚芬牺牲当天的情景：

> 今日六时，史砚芬、齐国庆、王崇典几位同志……拖向雨花台执行死刑。砚芬临行时，身着南京来的青绿色直贡呢夹长衫……头发梳的光光的。他第一个先出去，神气最安逸……砚芬临去时，向我们行一个敬礼，……"再会"。[1]

阅读诀别信，我们能够真切地感受到以史砚芬为代表的中国共产党人在面对死亡时的淡然与镇静。他们之所以无畏无惧、视死如归，是因为有着共产党人的崇高理想信念，这是支撑中国共产党人奋勇前进的精神动力。正如习近平总书记所说，"中国共产党的理想信念，就是马克思主义真理信仰，共产主义远大理想，中国特色社会主义共同理想"[2]；"一代又一代共产

---

[1] 雨花台烈士陵园管理局编：《初心永恒：雨花英烈话语解读》，南京出版社 2018 年版，第 243 页。

[2]《习近平谈治国理政》第三卷，外文出版社 2020 年版，第 505 页。

党人为了追求民族独立和人民解放，不惜流血牺牲，靠的就是一种信仰，为的就是一个理想"①。在理想信念的支撑下，虽然满含对家人的不舍，但史砚芬等共产党人依然义无反顾，前赴后继，投身于人民解放与民族独立的伟大斗争。

为中国人民谋幸福、为中华民族谋复兴是中国共产党人的初心和使命。以史砚芬为代表的雨花英烈，正是为人民谋幸福、为民族谋复兴而牺牲的千千万万共产党人的优秀代表。正如史砚芬遗书中所写到的："我的死是为着社会、国家和人类，是光荣的，是必要的。我死后，有我千万同志，他们能踏着我的血迹奋斗前进，我们的革命事业必底于成，故我虽死犹存。""两高一大"的雨花英烈革命精神不仅是中国共产党人伟大精神的典型代表，更是激励中国共产党人实现第二个百年奋斗目标的伟大动力！

参考文献

中共江苏省委党史工作办公室、中共南京市委党史工作办公室、雨花台烈士陵园管理局编：《雨花魂》，中共党史出版社 2015 年版。

雨花台烈士陵园管理局编：《雨花英烈家书》，南京出版社 2016 年版。

---

① 习近平：《关于坚持和发展中国特色社会主义的几个问题》，《求是》，2019 年第 7 期。

榜样

历经沧桑初心不改
文物见证三杰本色

名称｜《国际歌》

年份｜1923 年

收藏单位｜瞿秋白纪念馆

文物等级｜未定级

　　2021 年 7 月 1 日上午，在庆祝中国共产党成立一百周年
大会结束之际，庄严的《国际歌》响彻云霄。这首歌激励着一
代代中国共产党人为理想不惧艰险、不懈奋斗。遗憾的是，很
少有人知道《国际歌》是如何传入中国的。要解答这一问题，
便无法跳过党的早期领导人之一瞿秋白。1923 年，瞿秋白译
配并发表了中国第一首可完整传唱的《国际歌》歌词，"英特
纳雄耐尔"一词便出自瞿秋白的手译。他与张太雷、恽代英三
位常州籍青年作为中国共产党早期重要领导人，为中国革命发
展作出了重要贡献，被人们尊称为"常州三杰"。大革命失败
后，三人先后壮烈牺牲，他们三位烈士虽死犹生，精神永存，
被誉为"永远的青年"。

　　瞿秋白，生于江苏常州，中国共产党早期主要领导人之一，
伟大的马克思主义者，卓越的无产阶级革命家、理论家、文学
家和宣传家，中国革命文学事业的重要奠基者之一。

　　1927 年 8 月，中共中央在湖北汉口召开紧急会议（八七
会议），此次会议由瞿秋白主持。会议确定了实行土地革命和
武装起义的方针，提出了整顿队伍、纠正错误的主要任务，并

选举产生了以瞿秋白为首的新的中共中央临时政治局。八七会议及时制定出新的革命方针，在国共合作破裂的危急关头挽救了中国共产党，使党在政治上前进了一大步。

1931 年 1 月，瞿秋白来到上海，同鲁迅等文化人士一起发动并领导了左翼文化运动，积极从事马克思主义宣传和革命文艺创作等活动，成为国民党统治区内重要的进步文化阵地。

1934 年，中央红军长征后，瞿秋白留在南方坚持游击战争，任中共苏区中央分局宣传部部长。1935 年 2 月，瞿秋白在福建长汀行军转移途中被敌人逮捕，敌人在得知他身份后，采取各种手段对其进行威逼利诱，但都遭到他严词拒绝。6 月 18 日清晨，瞿秋白起床后，换上了洗净的对襟黑褂、白裤、黑袜、黑布鞋。三十六师特务连连长廖祥光闯进屋内，出示了蒋介石"就地枪决"的电令。瞿秋白面无惧色，镇定地把绝命诗写完，并附跋语，末署"秋白绝笔"字。在走向刑场的途中，瞿秋白手持香烟，神色不变，一路用俄语吟唱《国际歌》等。到达罗汉岭刑场后，瞿秋白选了一处坟墓堆，盘足坐下，回头微笑着对刽子手说，"此地很好"，随即高呼"中国共产党万岁！""共产主义万岁！"等口号，之后便饮弹洒血，从容就义。

1950 年 12 月 31 日，毛泽东为《瞿秋白文集》题词，高度赞扬他说："在革命困难的年月里坚持了英雄的立场，宁愿向刽子手的屠刀走去，不愿屈服。他的这种为人民工作的精神，这种临难不屈的意志和他在文字中保存下来的思想，将永远活着，不会死去。"①

在中国共产党历史展览馆中，有这样一块手表，被评为国家一级文物。一块手表，是如何成为国家一级文物的呢？它的背后又有着怎样的故事？且从表的主人说起。

图 1

名称 | 张太雷牺牲时佩戴的手表
年份 | 1927 年
收藏单位 | 中国共产党历史展览馆
文物等级 | 国家一级文物

这块手表的主人是中共早期领导人之一张太雷，当人们发现手表的时候，表的主人已经停止了呼吸。张太雷是中国共产党历史上第一个牺牲在战斗一线的中央政治局成员。这块手表在其牺牲后被评为国家一级文物。

张太雷，生于江苏常州，中国共产党早期重要领导人之一，杰出的无产阶级革命家，著名的政治活动家、宣传家，中国共产主义青年团创始人之一，中国青年运动的卓越领导人。除此之外，张太雷是党内最早的国际活动家，曾多次担任俄共（布）

---

① 《毛泽东文集》第六卷，人民出版社 1999 年版，第 128 页。

和苏俄、苏联驻华代表维经斯基、马林、鲍罗廷的助手和翻译，也是党内著名的政治活动家、理论家、宣传家。李大钊称赞他"学贯中西，才华出众"。

1927 年 11 月，张太雷被中央任命为中共广东省委书记兼军委书记，与叶挺、叶剑英等人一起组织广州起义。同年 12 月 11 日，广州起义爆发，当日上午，广州苏维埃政府宣告成立，张太雷任代理政府主席，叶挺任起义军总司令。起义第二天，敌军攻占了起义军的重要阵地，并分兵直扑起义军总指挥部。张太雷闻讯，立即乘车赶赴前线指挥战斗。谁料车在行驶中遭到敌人伏击，张太雷身中三弹倒在插着红旗的敞篷汽车中，壮烈牺牲。他用自己短短 29 年的生命践行了"愿化作震碎旧世界惊雷"的铮铮誓言。

1923 年 10 月 20 日，中国社会主义青年团创办机关刊物《中国青年》杂志，这是中国近代史和中国共产主义运动史上最具战斗力和生命力的青年刊物之

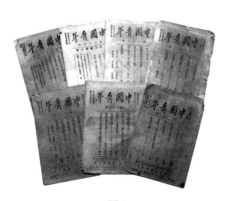

图 2
名称 | 《中国青年》周刊
年份 | 1923 年
收藏单位 | 南京市雨花台烈士陵园管理局
文物等级 | 国家二级文物

一。说到《中国青年》，就不得不提到该刊的主编恽代英。

恽代英，原籍江苏武进，生于湖北武昌，中国共产党早期青年运动领导人之一，无产阶级革命家。恽代英在学生时代就积极参加革命活动，是武汉地区五四运动的主要领导人之一。

1920 年春，恽代英与李大钊建立了联系，开始接受并研究马克思主义。后来，他受《新青年》杂志委托，翻译并出版了考茨基的著作《阶级斗争》。该书对毛泽东、周恩来、董必武等党的重要领导人都曾产生过重要影响。1923 年 8 月，恽代英当选为中国社会主义青年团中央执行委员、宣传部部长。10 月，团中央机关刊物《中国青年》问世。作为该刊主编，恽代英以笔为戈，积极宣传马克思主义，指导青年树立正确的人生方向。1930 年 5 月 6 日，恽代英在上海被国民党当局逮捕。在狱中，恽代英面对敌人的威逼利诱始终坚贞不屈，留下了豪迈的《狱中诗》：

浪迹江湖忆旧游，故人生死各千秋。

已摈忧患寻常事，留得豪情作楚囚。

1931 年 4 月 29 日，恽代英被杀害于南京，年仅 36 岁。

"常州三杰"各自独特的成长经历、艰辛的革命历程和可歌可泣的光辉事迹，充分展现了他们初心不改、勇立潮头，将年轻的生命和无悔的青春奉献给共产主义事业的高尚情怀。为了救亡图存的民族大业，"常州三杰"义无反顾地选择了一条艰辛而伟大的革命道路，他们用自己的革命实践彰显了"常州三杰"精神。瞿秋白从青年时代起就立志"为大家辟一条光明的路"，张太雷以革命实践化作"震碎旧世界惊雷"，恽代英则被称为"中国青年的楷模"。他们是革命年代充满革命理想、富有爱国情怀的杰出青年代表。

"常州三杰"的革命生涯虽然短暂，却是历史长河中一座永远矗立的丰碑。他们身上所展现出来的强烈的爱国主义精神、坚定的革命理想信念和勤奋求知的钻研精神，与五四精神一脉相承、交相辉映，成为指引广大青年勇往直前、奋发向上的精神旗帜、不竭动力。

参考文献

中共江苏省委党史工作办公室、中共南京市委党史工作办公室、雨花台烈士陵园管理局编：《雨花魂》，中共党史出版社 2015 年版。

孙迪：《瞿秋白：共产党人的哲学是鞠躬尽瘁、死而后已》，《党建》，2021 年第 1 期。

王均伟：《张太雷：震碎旧世界的惊雷》，《党建》，2020 年第 8 期。

李平：《恽代英："中国青年的楷模"》，《党建》，2020 年第 10 期。

白光迪：《恽代英：中国革命青年的楷模》，《人民日报》，2021 年 5 月 12 日。

巍巍将军墓　灼灼榜样魂

名称 | 雪枫墓园

年份 | 1945 年

收藏单位 | 江苏省宿迁市泗洪县

文物等级 | 江苏省重点文物保护单位

在江苏省宿迁市泗洪县城南20多千米处的"雪枫墓园"里，长眠着一位将军，被誉为"共产党人好榜样"，他就是彭雪枫。

这座古朴典雅、庄严肃穆的陵园前身是1945年成立的雪枫陈列馆，经过多年不断完善，如今已成为全国重点烈士纪念建筑物保护单位、全国国防教育示范基地、省级文物保护单位、省级爱国主义教育基地。据雪枫墓园管理处工作人员介绍，这里平均每天有上百人自发前来为彭将军扫墓，既有机关企事业单位人员、学校师生，也有很多外地游客，他们齐聚于此的目的就是祭奠这位了不起的抗日英雄。

走进雪枫墓园，首先映入眼帘的是由邓子恢亲笔题字，用以纪念抗日战争时期新四军抗日阵亡将士的纪念塔。塔后植有四季常绿的松柏，直通向彭雪枫将军纪念馆。纪念馆中，陈列的一张张照片、一封封书信向我们述说了这位抗日英雄投身革命、赤心报国的一生。

彭雪枫，原名彭修道，1907年9月9日出生于河南南阳市镇平县一个农民家庭。彭雪枫自幼天资聪颖，因家境贫苦曾辗转多地求学，后在北京育德中学读书。这一时期，彭雪枫开始接触《共产党宣言》《新青年》等进步书刊，在这些思想的启发下，他由此心向革命，矢志报国。1925年，五卅浪潮席卷北京，彭雪枫积极组织本校青年参加反帝示威游行，并和一些志同道合的同学深入乡村，召集群众大会，发表爱国演讲，揭露帝国主义的罪恶行径。[①] 由于彭雪枫的积极表现，他被同学们推选为育德中学学生自治会会长。[②] 同年 6 月，在共青团北京地委书记唐从周的介绍下，彭雪枫加入了中国共产主义青年团，并于 1926 年下半年加入中国共产党。成为一名共产党员后，彭雪枫更加积极地投身反帝爱国运动。他曾辗转各地，从事学运、兵运工作，领导农民暴动，还从事过党的秘密工作。1930 年 5 月中旬，在党组织安排下，彭雪枫前往鄂东南红五军第五纵队工作，从此开启了他的军旅生涯。

到红五军第五纵队后，彭雪枫一直在黄石附近的大冶、阳新一带开展游击斗争。1930 年 7 月下旬，在军团长彭德怀的领导下，红三军团向长沙发起进攻。彭雪枫指挥的第 1 纵队为前卫，率先攻上了长沙城，受到彭德怀的嘉奖。在部队攻打长沙受困后，彭雪枫又冒着枪林弹雨突入市区，安全解救被围困的革命同志。1932 年，彭雪枫率领部队先后参加三次苏区反"围剿"斗争，随后转战至赣闽粤湘边。1932 年 8 月下旬，红军第三军团第五军第二师师长郭炳生在与国民党军队作战中连连失利，危急时刻，郭炳生竟企图带领全团叛敌投降。彭雪

① 谢浩：《功绩辉煌、一世忠贞的军事家彭雪枫》，《党史博采》（上），2020 年第 10 期。

② 中国中共党史人物研究会编：《中共党史人物传：精选本 7·军事卷》（下），中共党史出版社 2010 年版，第 351 页。

枫得知情况后，不顾个人安危，率领十余名战士连夜追赶，及时揭露郭炳生的叛变阴谋，保存了红军部队。他的英勇行为受到周恩来、彭德怀等领导人的高度赞扬。[①]1934 年 1 月召开第二次全国苏维埃代表大会，彭雪枫被中革军委授予了二等红星奖章。1933 年 1 月，在中央苏区第四次反"围剿"的作战中，在危急关头，彭雪枫不怕牺牲，身先士卒，率领一个通信排反冲锋，打消了敌人的嚣张气焰，挽救了战场危局。苏区第五次反"围剿"失败后，彭雪枫跟随中央红军进行长征，一路突破国民党军队的围追堵截，在攻克娄山关、第二次占领遵义城、巧渡金沙江、飞越大渡河、通过水草地以及直罗镇等革命斗争中为中央红军的转危为安作出了不可磨灭的贡献。

1937 年 7 月，全面抗战爆发后，根据国共两党谈判，西北红军主力部队改编为国民革命军第八路军，彭雪枫被任命为八路军总指挥部参谋处处长兼八路军驻晋办事处主任。1938 年，彭雪枫前往河南确山县竹沟镇开展中原地区的敌后抗日工作。按照中共河南省委指示，彭雪枫在此培训并发展抗日武装，创办抗日军政教导大队。培训期间，彭雪枫与部队官兵同吃同住，坚决不搞特殊，事事以身作则。由于多年的军旅生活，彭

---

① 叶健君主编：《共和国祭奠：新中国成立前牺牲的中共高级将领》，东方出版社 2015 年版，第 158 页。

雪枫患有严重的胃病，一旦劳累过度就会发作，按照组织规定，他作为师级干部可以吃小灶，身边的同志也都纷纷劝他吃好一些，多补充营养，然而，彭雪枫就是不答应，始终坚持吃大锅饭，和部队战士一起吃山芋、窝窝头和大锅菜。有一次，他工作到深夜，警卫员害怕他胃病发作，为他准备了一碗面条、两个窝头和一碟辣椒，彭雪枫看到后坚决不吃并严厉批评警卫员。他说："部队和老乡生活都很困难，我怎么能多吃多占呢？你快端回去。虽然我是司令员，但在生活上应该和你们一样，不能特殊，这样做会在群众中造成极坏的影响……"[1] 在彭雪枫的指导和影响下，教导队培养出大量优秀学员，他们后来大都成为新四军和豫皖苏边区的抗日骨干。

1938 年 9 月，按照中共中央指示，彭雪枫在竹沟镇创建的这批抗日武装改编为新四军游击支队，并向豫东抗日前线挺进。部队进入豫东以后，一路纵横驰骋，痛击日伪。在一年多的时间里，这支部队共计作战 60 余次，取得反"扫荡"、反"围攻"、反封锁等一系列军事斗争的胜利，成功创建了豫皖苏边抗日根据地，为打开中原抗战新局面奠定了坚实基础。在彭雪枫的领导下，这支新四军游击队始终牢记党的"三大纪律，八

---

[1] 中共河南省委党史资料征编委员会编：《功垂祖国　纪念彭雪枫同志牺牲四十周年专辑》，河南人民出版社 1986 年版，第 216 页。

项注意"要求，密切联系当地群众，赢得广大群众的交口赞誉，人们亲切地称这支部队为"德治之军""文治之军""天下文明第一军"。1940年4月，毛泽东代表党中央亲笔致信彭雪枫，对他在豫皖苏地区的工作给予高度评价。毛泽东指出："一年来，豫皖苏地区迅速得到发展，部队和地方武装不断扩大，你们的工作很有起色，中央对你们取得的成绩深表满意。"①

1941年皖南事变发生后，彭雪枫担任新四军第四师师长、淮北军区司令员，领导根据地军民同日、伪、顽军进行艰苦斗争。1942年冬季，日军在泗县、宿迁、淮阴等地以近万兵力实施"大扫荡"，意在一举歼灭新四军第四师主力。彭雪枫指挥边区军民，运用灵活的游击战术，同穷凶极恶的敌人持续战斗30余次，最终打破封锁，巩固了淮北根据地。1943年上旬，国民党顽固派军队突袭新四军淮北抗日根据地。为了打破国民党的"反共"阴谋，新四军代军长陈毅决定先行反击。3月，彭雪枫率领第四师主力在江苏省泗阳县山子头一带发起进攻，仅用几个小时就歼灭国民党"反共"军队，彻底粉碎了蒋介石精心策划的"第二个皖南事变"。据统计，从1938年到1944年间，彭雪枫指挥下的新四军第四师与日、伪、顽军进行了大

---

① 中共宿迁市委党史工作办公室编：《宿迁抗战史料汇编》（下），江苏人民出版社2017年版，第469页。

大小小约 3 760 次战斗，歼敌 4.8 万余人，并取得敌我伤亡比 5∶1 的辉煌战绩。1944 年 8 月，根据中共中央的指示，彭雪枫率部向河南敌后进军，向西进行作战。9 月 10 日，彭雪枫在河南夏邑县准备攻打八里庄汉奸、土匪李光明部。11 日凌晨，彭雪枫亲自带队攀上外壕，与敌人展开白刃搏斗。当彭雪枫登上大圩子城墙，指挥这场即将胜利的战斗时，不幸被流弹击中，壮烈牺牲，年仅 37 岁。

彭雪枫的不幸牺牲，让全党全军无比悲痛。1945 年 2 月 1 日，中共中央华中局、新四军政治部作出《关于纪念彭雪枫同志的决定》，决定将河南永城县更名为雪枫县。2 月 7 日，中共中央、第十八集团军总部在延安为彭雪枫举行追悼会，毛泽东、朱德、彭德怀、刘少奇等参加了会议并手书挽联，高度赞扬彭雪枫同志"功绩辉煌，英名永在，一世忠贞""是共产党人好榜样"。① 新中国成立后，豫皖苏边区人民为了纪念曾在这片土地上壮烈殉国的民族英雄彭雪枫，在江苏泗洪县修建了彭雪枫墓并立碑，以此深刻缅怀这位"共产党人好榜样"。

"为有牺牲多壮志，敢教日月换新天。"在中国共产党一百年的奋斗历程中，一代又一代共产党人前仆后继、英勇奋

① 中共安徽省委党史研究室编：《红皖楹联》，安徽人民出版社 2017 年版，第 136 页。

斗，涌现出一批又一批像彭雪枫一样对党忠诚、一心为国、视死如归、顽强奋斗的英雄模范。他们以坚定的信仰、顽强的意志、高尚的情操，矢志不渝地坚守初心、担当使命，做无愧于党、无愧于人民、无愧于时代的楷模！

参考文献

葛东升：《彭雪枫传》，当代中国出版社 2007 年版。

常浩如：《新四军名将彭雪枫》，《人民周刊》，2017 年第 21 期。

张留学、郭德欣：《彭雪枫挥师西进与豫皖苏根据地的收复》，《史学月刊》，1985 年第 2 期。

忠诚

写满忠诚的狱中日记

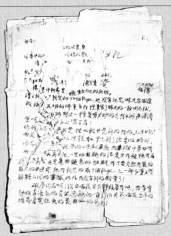

名称丨贺瑞麟的《九月日记》《死前日记》

年份丨1928 年

收藏单位丨南京市雨花台烈士陵园管理局

文物等级丨国家一级文物

在南京市雨花台烈士陵园管理局收藏的数万件革命文物中，有这样两本薄薄的日记格外引人注目，它就是雨花英烈贺瑞麟生前在狱中所写的《九月日记》和《死前日记》。这两部日记目前是国家一级文物，其中《死前日记》更是馆藏最早的反映烈士狱中生活的日记，被称为雨花台烈士纪念馆的"镇馆之宝"。

明天又是星期日了，时间过的如此地快，遥想前途，不觉又起了渺茫的身世之感，不久的不久呵，我将要开始一种新的单调生活，永远地徘徊于固定的铁栏下，但是也或许到另一个理想的乌何有之乡，永远长别这个世界！ ①

在《九月日记》中，这位年仅 19 岁的青年面对即将到来的死亡，写下了这样悲壮且豪迈的文字。跨越一个世纪的时空，

① 雨花台烈士陵园管理局编：《雨花英烈日记》，南京出版社 2017 年版，第 19 页。

再次读到贺瑞麟在狱中写下的这些日记，我们在感伤之余，也
不禁思考：为何如此一位青年才俊会囚禁于狱中，英年早逝？

1909 年，贺瑞麟出生于江苏沛县一个自耕农家庭。1918 年，
他开始离家外出求学，1921 年至沛县读高小。贺瑞麟的父亲
为了让自己的儿子能够接受更好的教育，卖掉了自家 50 亩田
地，送贺瑞麟前往南京东南大学附中读书。在南京读书期间，
贺瑞麟开始接触先进思想，阅读了《共产党宣言》《共产主义
ABC》等马列主义思想的书籍，渐渐地，贺瑞麟的思想发生了
重大转变。他从一个立志为父母"光耀门庭"的农家子弟转变
为一个为天下劳苦大众求解放的革命斗士。

1925 年，贺瑞麟加入共产主义青年团，不久便加入了中
国共产党。五卅惨案发生后，南京各界立即成立了五卅惨案南
京后援会，贺瑞麟积极响应并参加了后援会的工作。为了声援
后援会，贺瑞麟率领东南大学附中的学生参加游行示威，此举
为南京当局所不容，贺瑞麟惨遭反动政府的逮捕。他被释放出
狱后，东南大学附中便以其从事革命活动为由将其开除。此后，
年仅 16 岁的贺瑞麟便专职从事革命活动。他曾先后担任中共
南京地方委员会农运委员兼城北支部宣传委员、共青团南京市
委组织委员。1928 年上旬，中共南京市委在浦口召开第二次
党代表大会，选举了新的南京市委，在这次会议上，19 岁的
贺瑞麟当选为市委委员兼团市委书记。在军阀统治和国民党背

叛革命的白色恐怖中，贺瑞麟在南京下关、浦口、九袱州等地积极发动群众，全身心地投入到农民运动和发展共青团组织的工作中去。

正当南京的革命形势逐步好转之际，意外发生了。1928年5月5日晚，正在台城开会研究"除草之法"（即反蒋之法）的史砚芬（团省委巡视员）、黄觉庵（团市委组织部部长）、王汇伯（团市委学委）被反动军警发现并逮捕入狱。王汇伯入狱后，经不住敌人的严刑拷打，将"红五月斗争"（即史砚芬、贺瑞麟等策划的动员广大团员和青年学生行动起来，声讨日军在济南惨案中犯下的罪行及蒋介石的不抵抗行为）的活动安排和一批党团员名单纷纷暴露。南京国民党方面根据这份名单对南京的共产党组织成员进行大规模搜捕，7月6日晚，贺瑞麟在焦状元巷14号住所被敌人逮捕。特务在他的住所中搜出计划暴动的机密文件20余份及油印机等设备，认定贺瑞麟是中共南京市委的"重要人物"，立即将其押解至首都卫成司令部看守所。9月25日，贺瑞麟被转送至江苏省特种刑事地方临时法庭受审。

贺瑞麟在狱中受尽非人的折磨。他和史砚芬等20多名同志一起被关押在一间昏暗潮湿的囚室之中，他们只能轮番坐、轮番站、轮番睡。那些向敌人屈服的叛徒都劝贺瑞麟"转转心"，去"自首"。特务头子更是用尽花言巧语来诱惑他，他们向贺瑞麟保证，只要投降一定许以高官。贺瑞麟对于他们的这种行为嗤之以鼻，痛斥道："你杀我的头，也不干你们孬种事。"

贺瑞麟深知反动势力的凶残，料想他们定不会放过自己，他开始思索自己在即将失去生命之际，还能为党和社会留下一些什么有价值的东西。他与史砚芬商量要将狱中的状况记录下来，想办法送出去。从被捕到牺牲前的几个月里，贺瑞麟就着手写狱中日记。然而，由于狱中看守的无情阻拦，他前三次写的日记都被发现并收缴、烧毁。在史砚芬等四人在雨花台英勇就义后，贺瑞麟预感自己也难逃一死，于是，他又重拾纸笔，悄悄开始写日记，先后写下了《九月日记》《死前日记》《给姐丈袁立超信》《未寄的信》《离散》等 8 本笔记。

1928 年 8 月 30 日，贺瑞麟在《九月日记》的开篇中描述了狱中破烂不堪的居住环境：

> 自从昨天迁到地下睡，到今天很不舒适，人多推挤，故然是原因之一，主要的还是由于环境太恶劣，这种遭遇也许不是最近可以避免的。倘若漂浮的生命生［能］够继续下去的话。[①]

---

① 雨花台烈士陵园管理局编：《雨花英烈日记》，南京出版社 2017 年版，第 16 页。

在经历狱友的死亡后，贺瑞麟也对自己的死亡有了更多的感慨，他在 8 月 31 日的日记中写道：

我今后怕是要成了世外的人了，直到我死的一刻，倘若我不久就要到南门去的话。一切都与我无与了，一切都失了生命，这大概就是所谓绝望的悲哀，生之留恋，死之预感吧！唉！

十八年后又是一条好汉，我似乎已经听到三个被杀的犯人在临死这样讲。是迷信还是伤感的话，我暂且不管，我相信我是不信任何迷信的人，对于这句话，我现在似乎有些微同感，到底是怎样，我不敢再写下去了！①

作为一个芳华青年，贺瑞麟本可以有着广阔的天地去闯荡，现在却被关押在这间潮湿的牢笼里，等待着未知的死亡降临。贺瑞麟用寥寥数笔向我们展露了一个有血有肉的人的真实情感，倾诉着自己的悲伤与无奈。

在狱中的日子里，贺瑞麟想起了自己多年未见的家人和朋友。

---

① 雨花台烈士陵园管理局编：《雨花英烈日记》，南京出版社 2017 年版，第 17 页。

是秋凉时候了，黄昏时分，一阵秋风，掠过院中的桐树，萧飒之声，传进我的耳鼓，似曾相识的凉气，浸入我的内心，向来自命为麻木不仁不惯伤感的我，不禁引起悲伤的情感，暗暗的叫了一声"秋天到了！"。我的心神有些不安，头部渐渐地觉得有几分沉重。

我抵制不住突如其来的压力，终于抛开手中的抄本铅笔，昏昏的睡下。

"往事不堪回首，其实又何必回首呢！"我常时这样劝我的朋友，然而"人类是有感情的动物！"不幸的谦兄向我说的一句话，我今天确实相信了。

想起去年今日，已经快是中秋节的时候，父亲，亲戚，小老板，十三号，玄武湖，火车站，错杂的涌泛上心头；翻来覆去，越演越烈，最后全盘的思潮归结到阿佩一人身上，快够一年不见面的人儿，为了无谓的波动，不知又要憔悴了多少颜容，倘若天缘凑巧，立即能会一个面，是哭是笑，是沉默抑是狂呼，我完全不能并且不敢推想和断定，但是这全是空想，全是睡前的幻梦！ ①

为了排解思念父亲的情绪，他还在狱中写下了一首诗歌：

① 雨花台烈士陵园管理局编：《雨花英烈日记》，南京出版社 2017 年版，第 19 页。

父亲呀

不久你会得到我的信

请莫过于悲伤吧

这是必然的结果

父亲呀

不久你会得到我的信

请莫过于惊恐吧

这不过是我二次的不幸消息

父亲呀

不久你会得到我的信

请莫轻信谣传吧

人与人间原是隔阂的

父亲呀

不久你会得到我的信

请莫忽视我的要求呀

我们除了经济的关系以外还有什么呢[1]

---

[1] 雨花台烈士陵园管理局编：《雨花英烈日记》，南京出版社 2017 年版，第 23–24 页。

经历了迷茫与彷徨之后，贺瑞麟慢慢在狱中找到了自己的方向，他开始广泛阅读，其中既包括小说诗歌，又包括《三民主义》《社会进化史》等学术书籍。贺瑞麟不断思考，逐渐懂得了人生的意义和自我的价值。

十九年的生的过程，使我的童心丧失殆尽，我的眼水行将洒尽，我的心虽然还没有到冰冷的程度，但至少已经走上这条途径，是不是好的现象，我觉得没有管他的必要，我只要顺起这条路走去好了！

今而后，我的生命是怎样？谁也不能决定，已经终于成了已往，凋残了的玫瑰是不会复返的，我只有如梦如痴的追逐着未来，直到我生命的末刻！

一切均与我无与了，所剩下的，只有与世人断绝了一切关系的我自己！啊！好了，好了！我成了江水中泛出的孤独的人，一切均须我亲自去创造，一切均须我自己去努力，创造，努力！我自己做了我自己的上帝，我自己变成了自己的卫士！我只有我自己！我只有靠我自己！

东隅已逝，桑榆非晚，亡羊补牢，机尚未失，我今后只有更加爱护我自己，以完成我梦里的事业！事实上我的生命已经不完全属我，我怎能任意戕害呢？我鲜艳的美梦尚未完成，我不应该这样浪漫，颓废、消沉！①

贺瑞麟在狱中所写的另一本日记《死前日记》始于1928年9月28日，这天恰逢农历八月十五，是中国传统的中秋佳节。然而，本该与家人欢聚一堂的贺瑞麟此时此刻却在监狱饱受磨难。这天，贺瑞麟想起远在家乡的亲人，想起自己近在南京的姐姐、姐夫，他提笔写下了：

我漂泊的生活已有十年了。屈指算来，这十年中我也别过最亲爱的友人远行，我也送过我最知己的同学离乡。死的活的不知经过了多少次的分手送别。至于与父母哥哥分手言别，更不知有若干次了。我也曾为别离而依依不舍，为亲朋好友的远离而哭到不能自制。但那都是童年时代天真的人情之流的表现，总没有这次伟大悲壮愤慨的死别的凄伤。

快将搬家的囚友同志们，纷纷把需要的东西打成包了，破纸碎片零乱地分散在黑色的地板上。荒凉的景象深深的印入我的脑海。我碎伤了的心扉呀，真是痛伤欲绝了。

---

① 雨花台烈士陵园管理局编：《雨花英烈日记》，南京出版社2017年版，第26页。

啊，去了，去了！永远的别了！同志们最后的一次对望啊！千金一刻，今生此世只此一刻了。努力啊，努力你们的前途。我，我不久就要步砚芬的后尘而去了，到雨花台去了，永远的别了。祝你们早日成功。未来的世界终归是我们的。同志们，同志们，昨天黄昏时，他们被一大堆士兵捆压着，站在一起，拿着行李要到陆军监狱时，他们眷恋着频频转首，瞧着伸头在木栏外的待死的我作最后诀别。一直到他们来与我拉手点头，作悲壮的永诀。我感觉到我的心立时碎了，我不能再立起了，我在凄暗的牢狱之内踱了几步，我慢慢的把身体曲下来，直到栏外人迹已杳，我才渐渐恢复了感觉，回到我杂乱的席子上来。昏昏沉沉的睡下。沉沉的睡去。我是什么都不想想了，我只想着昨天中秋至少要在后天才有资格去。①

随着时间的推移，贺瑞麟也慢慢明白自己已经时日不多了，他在日记中写道：

今天又安然度过我的生命啊！暂时得到了安息。一阵凉透身心的秋风，冷得浑身发抖。我去年的旧病又复

①雨花台烈士陵园管理局编：《雨花英烈日记》，南京出版社2017年版，第29-30页。

发了。我的心胸不住地在燃烧。诚然，如果病死在狱中，我真太冤枉也！然而无聊的看守所长于夜间点名时，他一定要我吃药，好！如果你当真送来我也是吃的，但是你这种东西未免太缺乏政治常识了，你未免把我为贫苦人民斗争的战士看得太不值了，二号的犯人服毒是怕牵累了别人，我，要我服毒自尽，我怎么能够呢？①

国民党反动分子多次向贺瑞麟发出或明或暗的死亡暗示，但这并没有吓倒他。虽然此时的贺瑞麟只是一个19岁的青年，但在多年革命斗争中，他已经历练成为一个坚强的共产党员，早已在心中树立起为无产阶级奉献一生的远大理想。这种忠于信仰、忠于革命、忠于组织的强大信念支撑着贺瑞麟勇敢地去面对反动势力的绞杀，他在日记中十分坚定地展现了自己的忠诚态度。

提到狱中生活，就以现在而论，与别的看守所相较，并没有什么稀异的地方。为了作消灭资产阶级的政治行为而入狱，此种生活应比任何种犯人的生活都要残酷毒狠虐待。因为别的犯人无非在资产阶级的政治统治下有

---

① 雨花台烈士陵园管理局编：《雨花英烈日记》，南京出版社2017年版，第31页。

些不大愉快的小动作，顶多在消极方面是破坏资产阶级社会秩序，使之暂时不安。而我们则不然，不是扰乱，也不是妨碍更不止破坏，而是大量的根本推翻，打倒，杀尽，消灭，并且严密的组织……此在无产阶级革命的立场说，毫没有可以变通的地方。事实摆在眼前，看谁要先下手。阶级斗争的行为中，哪里能容得下妥协与和平？共产党员对敌对阶级还有求饶与优待的希望？上述的梦都是少爷公子们作的，共产主义者任何虚幻的梦都是不应该做的，并且是不允许做的。事实是怎样，我只要用我正确的观察力，按照一定的政治路线决定。……①

在目睹狱友们一个个离自己而去后，贺瑞麟既悲痛又多了几分坚强。狱友们面临死亡时大无畏的态度深深感染了贺瑞麟，他从狱友身上看到了真正的共产党员形象，看到了一名共产党员应该有的忠诚之心。他在日记中这样写道：

昨天留下的徐振纲和姓马的，今天被拉去枪决了。徐振纲出囚门时，神气非常自然，他们并没有矫揉造作的现象，他们纯然是毫不在乎的自然状态，他们真是所

———————————

① 雨花台烈士陵园管理局编：《雨花英烈日记》，南京出版社 2017 年版，第 32 页。

谓面不改色的英雄，视死如归的好汉！

他（徐）临去的时候叫了几声："少陪诸位"！

呵！朋友们！请稍候呵！我们不久是决可同游雨花

台的！①

1928 年 10 月 5 日，这是贺瑞麟《死前日记》所记录的最后时间。这一天他已知死期将至，在日记中留下自己的绝笔：

天上有两只乌鸦飞到囚房屋顶，呀呀悲鸣。我的思潮竟然为之打断。我心中只觉得难过。当时的凄惨情况呦；让他去吧，我不想再写了！②

次日，贺瑞麟从容地迈出囚房，走向了雨花台刑场，他的生命永远定格在了这一天。牺牲前，贺瑞麟委托狱中难友刘德超妥善保管自己的日记。刘德超不负重托，悉心保管这些日记，在重庆遭遇日军轰炸之际，他舍弃一切随身物品，单单留下这些日记在自己身上。新中国成立后，刘德超就将这些日记交到

---

① 雨花台烈士陵园管理局编：《雨花英烈日记》，南京出版社 2017 年版，第 40 页。

② 雨花台烈士陵园管理局编：《雨花英烈日记》，南京出版社 2017 年版，第 41 页。

雨花台烈士陵园，从而让更多的人看到了贺瑞麟这样一个忠诚的共产党人在狱中坚守初心，对党忠诚的精神全貌。

习近平总书记在庆祝中国共产党成立 100 周年大会上的讲话中对伟大建党精神作出高度概括，即"坚持真理、坚守理想，践行初心、担当使命，不怕牺牲、英勇斗争，对党忠诚、不负人民"，并强调指出"这是中国共产党的精神之源"。对党忠诚、不负人民作为一个共产党员鲜明的政治品质，是伟大建党精神不可分割的重要内容。雨花英烈贺瑞麟的一生是忠诚的一生，他在狱中所作的《九月日记》《死前日记》字里行间写满了忠诚、写满了奉献。虽然，这些日记的纸张已泛黄、破烂，但其中焕发出来的忠诚精神永耀光芒！

参考文献

雨花台烈士陵园管理局编:《初心永恒：雨花英烈话语解读》，南京出版社 2018 年版。

习近平:《在庆祝中国共产党成立 100 周年大会上的讲话》，《人民日报》，2021 年 7 月 2 日。

铁骨铮铮

——二十封辞职书背后的忠诚

名称 | 王培良辞职书

年份 | 1944 年

收藏单位 | 国网镇江供电公司

文物等级 | 未定级

2018 年，为筹建江苏电力历史博物馆，国网镇江供电公司在清查历史档案时，意外发现了二十封 74 年前的辞职书，写这些书信的人是谁？又是什么原因让他们集体作出了这样的决定？

日军屠杀镇江军民

1937 年 12 月 8 日中午，侵华日军第十三和第十一师团攻入镇江东门。此时，作为国民政府江苏省省会的镇江，已在日军连续数月的狂轰滥炸中满目疮痍，进城后的日军对镇江实施了不亚于南京的屠杀暴行。据驻镇美国教会记录统计，从 12 月 8 日至 28 日，短短 21 天内，仅教会参与处理的被日军屠杀的中国军民尸体就达近万具。一度繁荣的沪宁重镇、南北通衢，转眼变成人间炼狱。

至暗时刻

作为全城唯一的发电厂，大照电气公司（国网镇江供电公司前身）自然成为侵略者眼中的肥肉，日军进城的第一时间便派兵进驻大照公司。时任公司襄理的郭咏青（大照公司创始人郭礼征之侄），不忍同胞惨遭迫害，腾出自己的寓所和厂内部分办公房屋、职工宿舍，收容了 600 多名无家可归的难民，并出资为所有难民添置冬衣、提供食物。此举招致日军不满，遂以难民中混有中国军人的罪名，将郭咏青逮捕入狱，后经当地士绅多方营救才得以释放。

1938 年初，日军借题发挥，强行派驻"满铁上海事务所"的 4 名日本特务参与公司管理，同时强迫大照职工子弟学校全部改用日语授课，引发公司上下强烈愤慨。

1940 年，日军变本加厉，以垄断供煤为手段，联合伪政府，强制征收了大照电气公司，将其并入伪华中水电公司，任命日军少佐末弘盛一为社长，对大照电气公司实施军事化高压统治。

图 1　大照电气公司

图 2　郭咏青

隐蔽战线

在镇江沦陷初期，中共镇江地下工委曾派一名同志潜入大照电气公司，试图开展工人运动并建立党组织，但当时公司作为经济要害部门，受到日本人的严密监控，潜伏的同志还没有打开工作局面就被捕了。

要想顺利打入电厂内部，必须物色一名可靠人选。1939 年初，一个叫郭维庚的进步青年进入了党组织的视线，他还有一重身份——大照电气公司襄理郭咏青的儿子，而他的老师正是当时镇江地下工委委员谢枫。

图 3 郭维庚

虽然郭维庚当时还是一名中学生，但受父亲影响，他自幼便有强烈的爱国情怀。抗战爆发后，身处敌占区的他目睹日军种种暴行，在老师谢枫的影响下，郭维庚暗暗下定了加入共产党及抗日救国的决心，成为一名进步青年。

作为郭咏青长子，郭维庚时常以看望父亲的名义进出大照电气公司，加之他为人谦和、没有架子，从小就与厂内工人打得火热。党组织利用他的这一优势，安排了一名党员，以郭维庚朋友的身份，在日本人眼皮底下进入公司开展活动。他们先后发展了发电科科长王培良、厂务科科员李步有、水道科科员李德恒等5名员工加入党组织。

1941年，随着抗日战争进入胶着状态，日军在镇江建立了包括军工、纺织、面粉等在内的多家工厂，开足马力生产军需物资，支援侵略行动。为了满足工厂的电力供应，日本人要求电厂满负荷甚至超负荷发电。此时，镇江地下工委和驻厂潜伏共产党员商议，组织发动华工集体辞职，让日军的厂房机器无电可用，破坏敌人的物资生产。当时厂内员工目睹日寇暴行，早已群情激愤，不愿助纣为虐，但迫于敌人高压统治，在无人带头的情况下，不敢轻举妄动。

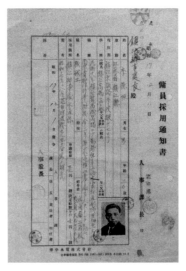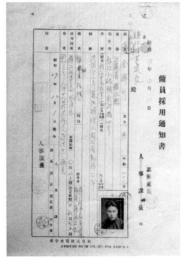

图4、5　佣员采用通知书

辞职抗争

为避免引起敌人的警觉，同时保护辞职员工的安全，镇江地下工委分析态势后决定，采用分批进行、先次后主、积少成多的发动策略。集体辞职行动首先从负责日常事务的厂务科和负责供水的水道科开始，在李步有、李德恒等人的策划发动下，从 1941 年冬到 1942 年秋，先后有十多名员工以各种理由提交了辞职书。因为这些员工的辞职并未对生产工作造成太大影响，加之郭咏青居中协调，没有引起日方的特别注意。但是这些员工的辞职，使留下的工人蠢蠢欲动，之后越来越多的人加入辞职的行列。

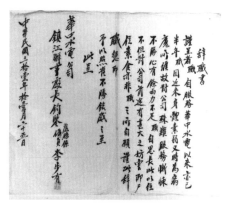

图 6　李步有辞职书

图 7　李德恒辞职书

图8、9 大照电气公司发电车间

1943年底，世界反法西斯战争逐渐进入决战状态，日军在镇江的军工厂开启疯狂生产模式。镇江地下工委看准时机，果断命令王培良伺机破坏厂内发电机组，然后发动工人辞职。王培良和工友利用机组检修的机会，破坏了关键元件，造成厂内最大功率3 500千瓦时的瑞士进口发电机损坏并停运，使电厂出力减少了一半。随后，多名工程师在王培良的发动下，以发电机损坏无法工作为由提出辞职，日军驻厂特务只能无奈批准。随后，用电科、水道科、水厂科先后有数十名员工提交了辞呈。完成任务的王培良，在1944年以"叔父逝世，返原籍料理丧事"（见文首图）的理由提出辞职，随后被党组织秘密转移。

抗战胜利后，郭维庚继续帮助和掩护中共党组织在宁镇两地开展工作。1948年，经谢枫介绍，郭维庚正式加入中国共产党，并负责领导水电公司中共地下党组织。渡江战役期间，他再次发动工人开展护厂运动，使电厂免遭国民党反动派的破坏。镇江解放后，作为水电公司军管会成员的郭维庚，考虑到和电厂的渊源，主动提出调离，转任镇江市文化局副局长，于 2005 年逝世。

图 10　晚年郭维庚

　　从 1941 年至 1944 年，中共镇江地下党组织共发动水电公司员工数十人辞职抗争，给敌人的军工生产造成了一定破坏。目前仅存的二十封辞职书，是当年轰轰烈烈的辞职运动的珍贵缩影，更是电力工人在党的带领下开展反帝反侵略爱国运动的历史见证。

　　新中国成立之后，命运多舛的大照电气公司在爱国工人们的保护下，被完好无缺地交到党和人民手中。当年从事地下斗争的工人党员，成了新生的镇江电业局的红色骨干，他们似一粒粒火种，将忠诚、爱国情怀和革命精神传递给了一代代电力工作者们，激励我们珍惜来之不易的和平时代，在党的领导下开创更加辉煌的电力事业，在铁塔银线间谱写更多"人民电业为人民"的动人赞歌。

奋斗

报纸见证苦难辉煌

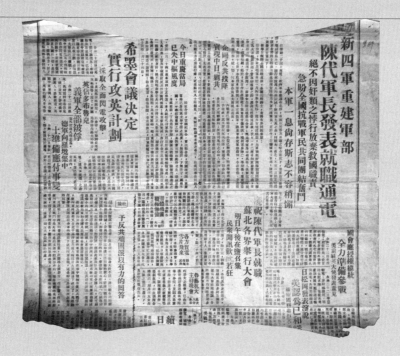

名称 | 1941 年 1 月 24 日《江淮日报》

年份 | 1941 年

收藏单位 | 新四军纪念馆

文物等级 | 国家三级文物

　　泛黄的纸面，模糊的字体，烧焦的印迹……这份出版于
1941 年 1 月 24 日的《江淮日报》珍藏在江苏盐城新四军纪念馆。
报纸真实地记录了新四军军部在盐城的重建，见证了一段令人
难以忘怀的峥嵘岁月。

　　《江淮日报》是当年中共中央中原局的机关报，1940 年
12 月 2 日在盐城创刊，是华中抗日根据地的第一份党报。当
时化名"胡服"的刘少奇为该报题写了报名并兼任报社社长。
这张 1941 年 1 月 24 日的《江淮日报》是由盐城市民邱铭玉无
偿捐赠给新四军纪念馆的。

　　时光倒流至那个风雨如磐的苦难岁月。日本发动全面侵华
战争后，侵略者的铁蹄在盐阜大地上肆意践踏，烧杀淫掠、无
恶不作，广大百姓流离失所、生不如死。1941 年冬，为躲避
敌人的"扫荡"，邱铭玉抱着两岁的儿子杨汉祥在老家大冈镇
西的芦苇荡躲避了十多天，听说鬼子撤了才战战兢兢地冒着雪
往家赶。好不容易走到镇外，却发现唯一可以过河回家的小木
桥被拆了。杨汉祥后来听母亲回忆后说："当时母亲急得团团
转，坐在河边抱着我哭了，这时镇边巡逻的两位新四军战士走

了过来，隔河喊话，然后毫不犹豫地跳入了冰冷刺骨的河水中，背着我和母亲过了河。"邱铭玉记住了，是两个新四军战士，并且知道他们是来自陈毅的部队。

不久，小镇进驻了一支新四军部队，邱铭玉毫不犹豫地让家里住进了 8 位战士。她腾出家中最好的两张床，又找来干净的稻草和多余的被胎，帮助没有床的战士打好地铺。十多天后，因有紧急军情，新四军连夜北撤。临行之际，有一位佩手枪的军人将一捆扎好的报纸交给邱铭玉，反复叮嘱："这捆报纸比较重，带走很不方便，就暂时留在你家，请代为保管，日后我们会来取。"在当时险恶的环境下，保管这批报纸是十分危险的，如果被日伪军查出，后果不堪设想。"但母亲一看到一张报纸上印着个头像，就认出是陈毅，毫不犹豫接受了委托。"杨汉祥说。谁知这一保管就是 40 多年。

"文革"期间，当年的新四军政委刘少奇受到了冲击，军长陈毅也被牵连。邱铭玉对此无法理解。但在当时特殊的政治环境下，手中留存的那批报纸是必须要烧毁的。看着熊熊火焰无情地吞噬着保存了几十年的报纸，邱铭玉不由想起新四军的历历往事，她再也忍不住了，不由分说地从火中抢出还未燃尽的报纸，其中就有这张 1941 年 1 月 24 日的《江淮日报》。邱铭玉扑灭上面的火焰，怀着不安的心情迅速塞进一个坏的热水瓶，保存至今。这也就是我们今天看到的这份报纸上有烧焦痕迹的原因。

1983 年新四军纪念馆筹建工作全面开展，相关部门四处征集文献文物，邱铭玉老人的家人得知这一消息后，立即将保存了近半个世纪的《江淮日报》无偿捐出。据调查，这张 1941 年 1 月 24 日的《江淮日报》可能是全国仅有的孤张，报纸上刊登的陈毅代军长的就职通电同样具有十分重要的历史价值，成为皖南事变后新四军重建军部时间的有力佐证。

1939 年，随着抗战进入相持阶段，国民党顽固势力开始消极抗日，积极反共，不断制造"军事摩擦"。1940 年 10 月 19 日，国民政府发出"皓电"，要求大江南北八路军、新四军于一个月内撤至黄河以北。为顾全抗战大局，中共中央决定将皖南新四军移师江北。然而 1941 年 1 月，新四军移师北上途中，国民党顽固派迫不及待地发动了军事进攻，制造震惊中外的皖南事变。新四军指战员力战数日，寡不敌众，大部分壮烈牺牲，去谈判的军长叶挺被扣，副军长项英、参谋长周子昆在突围中遇难，政治部主任袁国平为了不拖累部队突围，"将最后一发子弹留给自己"。17 日，国民党当局反诬新四军"叛变"，公然取消新四军番号，并下令进攻新四军江北部队。

皖南事变是国民党发动的第二次反共高潮。中共中央对于国民党的反共行径给予了坚决还击。时任中共中央南方局书记的周恩来对国民党顽固派进行猛烈抨击，为遇难战友写下了"千古奇冤，江南一叶；同室操戈，相煎何急"的挽词。1941年1月20日，中共中央军委发布新四军军部重建命令，"兹特任命陈毅为国民革命军第四军代理军长，张云逸为副军长，刘少奇为政治委员，赖传珠为参谋长，邓子恢为政治部主任"①，宣告了这支不可战胜的"铁军"的重生。1月24日，陈毅代军长在中共中央中原局机关报《江淮日报》发表就职通电，向全世界表明中国共产党抗日的决心："绝不因奸类之悖行放弃救国职责，急盼全国抗战军民共同团结奋斗，本军一息尚存，斯志不容稍懈。"字字如铁、掷地有声，表达了中国共产党领导下的人民军队不屈不挠的革命精神。

1月25日下午，新四军军部重建大会在盐城游艺园隆重举行。会场上盐城各界赠送的锦旗随风飘扬，声讨皖南事变、坚决反对内战、坚持团结抗战的口号掷地有声。会上，刘少奇正式宣布重建新四军军部，陈毅发表就职演讲。面对集会军民，陈毅慷慨激昂，他说："新四军是真正抗战的力量，是人民的军队，是植根在人民之中的。"从这时起，盐城就成为新四军军部和中共中央华中局指挥机关的所在地。重建的新四军军部以新四军、八路军总指挥部机关为基础，并将活动于

---

① 《毛泽东选集》第二卷，人民出版社1991年版，第771页。

陇海铁路以南的新四军、八路军整编为 7 个师和 1 个独立旅，计 9 万余人。

新四军军部重建后，江苏成为新四军人数最多、活动地域最广、活动时间最长的地区。此后，新四军独立自主地肩负起华中敌后抗战重任，纵横驰骋于大江南北，开启了新四军不断走向胜利的辉煌历程。1941 年至 1943 年，抗日战争进入最艰难时期，经过 3 年艰苦的反扫荡、反清乡、反蚕食、反摩擦作战，新四军经受住了重重严峻考验，不断发展壮大。据统计，仅此 3 年间，新四军对日伪军作战 8 400 余次，歼灭日伪军 6 万余人，俘日伪军 3 万余人，成为华中战场抗击日寇的中流砥柱。到 1945 年抗战胜利前夕，新四军先后开辟了包括淮南、淮北、皖江等 8 块敌后根据地，收复国土 25.3 万余平方千米，解放人口 3 420 万余人，极大地巩固和发展了华中解放区，为争取抗日战争和世界反法西斯战争胜利作出了杰出贡献，毛泽东称之为"华中人民的长城"。

一张报纸、一则通电见证了新四军重建军部的一段难忘历史。时光荏苒，虽然战争硝烟早已散尽，但是新四军将士用鲜血和生命锻造的伟大精神，即铁军精神，将永远光耀中华大地。在风雨如晦的艰苦岁月，新四军指战员始终听党话、跟党走，坚决贯彻党的路线、方针、政策，坚定必胜信念，不怕牺牲，敢于斗争，表现出宁折不屈、坚韧不拔的钢铁雄心。铁的信仰、铁的担当、铁的意志、铁的纪律，正是铁军精神的精辟概括、生动写照，正是峥嵘岁月伟大的新四军将士战无不胜、攻无不克的精神源泉。

参考文献

程亚莉、陈宗彪:《盐城·1941》,《档案与建设》, 2011 年第 8 期。

热血铸就抗日丰碑

名称 | 八十二烈士碑

年份 | 1955 年

收藏单位 | 新四军刘老庄连纪念园

文物等级 | 未定级

碧血洒热土，英雄铸丰碑。在江苏淮安新四军刘老庄连纪念园有一座造型典雅别致的八角碑亭，碑亭内竖立着一块黑色墓碑。碑的正面是"八十二烈士碑"六个隶书大字，背面镌刻着当年苏皖边区政府主席李一氓撰写的《淮阴八十二烈士墓碑记》。碑文以饱满激越的情怀，同仇敌忾的气势，真实地记载着 80 年前那场"惊天地、泣鬼神"的刘老庄战斗。

刘老庄连前身是江苏丰县四区的一支游击队，组建于 1938 年 11 月，1941 年 2 月改编为新四军三师七旅十九团二营四连。"刘老庄连"这一名号的由来要追溯到 1943 年的春天，当时盘踞在淮海地区的日本侵略军向我苏北抗日根据地展开大规模、全方位扫荡，企图以铁壁合围歼灭新四军主力。在此严峻形势下，上级决定让新四军三师七旅十九团二营四连掩护主力部队及人民群众安全转移撤离，全连的 82 名战士毅然决然地选择与 1 000 余名日伪军在江苏淮阴城北刘老庄进行战斗。

面对这一人数、武器装备都远远超过自己，甚至看似毫无生还概率的决战，四连战士们毫无畏惧，他们保持训练有素的作战姿态，在刘老庄一线展开阻击，与多于自己十几倍的日伪军展开殊死搏杀。

3 月 17 日，日伪军分兵合围驻六塘河北岸的淮海区党政领导机关。四连在连长白思才、指导员李云鹏的率领下，奋勇阻击各路敌人，掩护淮海区党政机关安全转移。是日，日伪军进行第二次合围，四连与日伪军在淮阳北老张集、朱杜庄一带遭遇。激战半日，黄昏后再次突围，转移至老张集西北的刘老庄地区。

3月18日晨，经过数次交战后，日伪军对刘老庄地区进行了第三次合围。四连奉命组织防御，全连82人凭借村前有利地形，奋勇一心、同仇敌忾，合力阻击敌军，多次击退日伪军进攻，保障了主力部队、党政机关及人民群众的安全转移。然而四连却陷入日伪军的重重包围，多次突围未果，而自身的物资、弹药渐渐消耗殆尽。

对此，全连战士无人畏惧，无人退缩，他们抱定决心，血战到底、以身许国。连部通信员火线申请入党，他在入党申请书中写道："在党最需要的时候，我将把自己的生命献给党和人民，决不给我们党丢脸，决不给中华民族丢脸！"① 在战斗最激烈的时刻，为了不让敌人从我方获得有用信息，连长白思才下令烧毁所有文件，准备与敌人展开白刃战。指导员李云鹏挥动着上了刺刀的步枪，紧随连长白思才冲锋陷阵。在一片气壮河山的喊杀声中，四连官兵与敌人开展白刃格斗：刺刀捅弯了，就用枪托砸；枪托砸坏了，就用小锹砍；小锹砍

① 刘颖：《刘老庄连：抗战烽火中的英雄连队》，《党建》，2021年第9期。

断了，就肉搏……日伪军以大队骑兵实施冲击，气势汹汹向四连阵地涌过来，四连的战士们依托交通沟地形与敌周旋抗击。眼见大举冲锋无效，日军又集中炮火，对阵地进行毁灭性的轰击。面对敌人的疯狂攻击，四连官兵同仇敌忾、视死如归。防御工事被摧毁了，他们立即抢修；掩体被炸塌了，他们就把背包填上去；人员受伤了，他们简单包扎一下就拿起枪继续战斗。

从拂晓到黄昏，整整 12 小时，四连官兵浴血奋战，殊死肉搏，连续打退日伪军 5 次进攻，毙伤日伪军近百人。四连人数也在不断减少，82 人、81 人、80 人……到不成连、不成排、不成班，终因寡不敌众，全部壮烈牺牲。

英雄们的壮举感天动地！八路军总指挥朱德总司令在《八路军新四军的英雄主义》一文中指出："全连 82 人全部殉国的淮北刘老庄战斗……无一不是我军指战员的英雄主义的最高表现。"[①] 新四军代军长陈毅盛赞 82 烈士浴血刘老庄是"烈士们殉国牺牲之忠勇精神，固可以垂式范而励来兹"[②]。

时任新四军三师副师长的张爱萍将军为烈士墓碑挥笔题词："八二烈士，抗敌三千，以少胜众，美名万古传。"[③] 七

---

① 朱德：《朱德军事文选》，解放军出版社 1997 年版，第 475 页。
② 陈毅：《陈毅军事文选》，解放军出版社 1996 年版，第 240 页。
③ 夏明星：《"刘老庄连"：光荣与传奇》，《人民政协报》，2017 年 7 月 27 日。

旅旅部为表彰 82 烈士忠勇殉国的英雄主义精神，命名四连为"刘老庄连"。在后来很长一段时间，刘老庄连都保持着 82 人的特殊编制，直到今天，仍然每年都从刘老庄这一英雄之地招兵入伍。

刘老庄籍战士刘加林说："每年 3 月 18 日，刘老庄的人都会到烈士陵园扫墓。我从小就知道 82 位英雄的故事，因此一直都向往着加入刘老庄连。"另一名刘老庄籍战士卢大伟当初入伍时没有被分配到刘老庄连，于是他向组织强烈要求说："是刘老庄的人，就要当刘老庄连的兵！"如今，他已经在刘老庄连待了三个年头。

刘老庄连是英勇善战的铁军新四军的缩影和代表。1937 年第二次国共合作实现后，留在南方八省坚持斗争的红军游击队被改编为国民革命军陆军新编第四军（简称"新四军"），并随即奔赴抗日前线。在大江南北屡建奇功，名震天下，刘老庄连正是其中的杰出代表。

在长达 80 年的时间里，军旗有魂，英烈之后有传人。

解放战争中，刘老庄连奋勇一心，英勇杀敌，从白山黑水到天涯海角，并创造木船打军舰的奇迹，为新中国诞生立下了赫赫战功；和平年代，从长江大堤到汶川震区，从胶东湾口到东南沿海，从中原腹地到维和战场，刘老庄连听党指挥，"首战用我"，一往无前，尖刀磨出新锋芒，士气高扬英雄魂。

党史专家、原中共淮阴区委宣传部副部长朱爱民在史料中还关注到一个细节：当时淮阴县委派人去打扫战场，收殓烈士遗体时，不要说一支步枪，就连战士们随身携带喝水的搪瓷缸都没找到一个完整的。他说："可能大家一听说这个故事很简单，就是什么没有一个完整的东西。其实这个故事的意义在什么地方？就是我宁死不投降的同时，我不留一样战利品让你（敌人）去炫耀，就是'宁为玉碎'这个意思。"

当年的战斗有多么惨烈，就能体会到今天的幸福有多么来之不易。烈士李云鹏的妹妹、75岁高龄的李爱云每年3月18日都会来到刘老庄祭扫82位烈士。回想烈士们的英勇事迹，她既悲痛又自豪。她说："从拂晓到黄昏，没有吃一口饭，没有喝一口水，只有枪弹，只有手榴弹，只有流血，12个小时都是在战斗，他们没有低头，他们永远奋战。我们绝不要忘记过去，是共产党领导我们，今天才有幸福美满的生活。"

征途漫漫，唯有奋斗。习近平总书记在纪念中国人民抗日战争暨世界反法西斯战争胜利75周年座谈会讲话中盛赞了以刘老庄连等为代表的革命英雄群体，是千千万万抗日将士的杰出代表，谱写了惊天地、泣鬼神的雄壮史诗。新时代我们要把刘老庄连勇士们生命不息、战斗不止的红色基因、红色血脉赓续好、传承好，始终沿着烈士的光辉足迹，义无反顾，勇往直前，为实现中华民族伟大复兴中国梦而不懈奋斗。

参考文献

李清华、杨庆民：《"刘老庄连"：生命不息　战斗不止》，《人民日报》，2019 年 3 月 18 日。

习近平：《在纪念中国人民抗日战争暨世界反法西斯战争胜利 75 周年座谈会上的讲话》，《人民日报》，2020 年 9 月 4 日。

胜利

一根竹竿上的秘密

名称 | 山东莱阳县支前民工、特等功臣唐和恩在淮海战役时使用的小竹竿
年份 | 1948 年
收藏单位 | 中国共产党历史陈列馆
文物等级 | 国家一级文物

在江苏徐州淮海战役纪念馆，有一根被复制的一米来长的小竹竿，看似不起眼，原件却被中国共产党历史陈列馆收藏，并被列为国家一级文物。

一根竹竿，何以如此珍贵，能够成为国家一级文物？它身上又藏有怎样的秘密？这就要先从山东莱阳一位普通农民唐和恩说起。

1948 年 11 月 6 日，震惊中外的淮海战役打响。此时，刚刚经过土改分到土地的山东农民唐和恩正在地里劳作，听说村里要组织民工队伍运送军粮，立即撂下镰刀，直奔村部去报名。唐和恩参加了支前小车运输队，并任莱东县陶漳区运输队副指导员、党支部组织委员兼第四小队队长。

出发时，唐和恩特意带上了一根一米来长的小竹竿，累了用它当拐棍，过河用它来探路。每到一地，他都会用针尖把地名刻上，等到战役结束，竹竿上已刻满了密密麻麻的地名。这些地名包括山东、江苏、安徽三个省的 88 个城镇和村庄，连起来就是唐和恩与队友们的支前行程图，行程约 5 000 余里！支前道路虽然没有战场上的枪林弹雨，但也绝非坦途。唐和恩和他的队友们为了运输粮食和其他军需，披星戴月，顶风冒雪，还要随时躲避空中敌机的侦查。一次送粮途中，一条二十几米的河道挡住了大家的去路，如果绕路，就要多走十几公里。考虑到前方部队用粮紧急，大家决定涉水渡河。隆冬时节，西北风卷着小雪，河上还漂浮着薄冰块，唐和恩脱下棉衣，和另一位民工抬着粮车率先跳进冰冷刺骨的河水里。随后，大家都跟着抬粮车过河。可刚一上岸，还来不及穿衣服，敌人的飞机就过来了，运输队跑步行军将近一公里，直到离开了危险地带才顾得上穿衣服。可见，支前道路同样布满艰难险阻，支前大军同样要攻坚克难、勇往直前！

刻满密密麻麻的地名固然是这根竹竿的一个秘密。其实，这根竹竿上还藏着一个更大的秘密——战争伟力的根源！

早在 1934 年，面对国民党反动派疯狂"围剿"的严峻局面，毛泽东气定神闲地说："真正的铜墙铁壁是什么？是群众，是千百万真心实意地拥护革命的群众。这是真正的铜墙铁壁，什么力量也打不破的，完全打不破的。"①日本帝国主义发动全面侵华战争后，面对穷凶极恶、武装到牙齿的日寇，不少人对抗战失去了信心，毛泽东却坚信中国必将最终取得战争的胜利，这是因为"战争的伟力之最深厚的根源，存在于民众

① 《毛泽东选集》第一卷，人民出版社 1991 年版，第 139 页。

之中"①，只要把四万万五千万中国人民组织起来，中国就能赢得这场战争。

我们党向来把革命战争视为群众的战争，只有动员和依靠群众才能进行战争，而"不依靠人民大众，毫无疑义将不能取得胜利"②。淮海战役期间，华东、中原、冀鲁豫、华中四个解放区前后累计发动支前民工543万人③。淮海战役暨区域红色文化研究会会长蒋越锋说："543万是什么概念呢？我们60万的人民解放，相当于9个民工支援前线1名战士在战斗。在整个淮海战役期间，筹集的粮食是9.6亿斤，相当于一个中等城市的人口吃五年的量，在战役过程当中，实际消耗掉4.3亿斤粮食，一半还不到。"在山东、安徽、江苏等地都流传着类似的歌谣："最后一碗米送去做军粮，最后一尺布送去做军装，最后一件老棉袄盖在担架上，最后一个亲骨肉送去上战场。"这首民谣就是军民团结如一人的生动体现。

我们党为什么能够获得广大人民群众的衷心拥护，我们党领导的人民军队为什么能够得到广大人民群众全心全意的支持？根本原因在于我们党始终坚守和履行为人民谋幸福，为民族谋复兴的初心使命；在于我们党领导的人民军队热爱人民，

---

① 《毛泽东选集》第二卷，人民出版社1991年版，第511页。
② 《毛泽东选集》第二卷，人民出版社1991年版，第347页。
③ 苏文洋：《小推车就是人民的"选票"》，《北京晚报》，2009年9月15日。

始终是人民的子弟兵。正如一首歌唱的："军爱民来民拥军，军民团结一家亲。"新民主主义革命的伟大胜利和新中国成立后人民解放军在一系列自卫战争中的重大胜利，都证明了一条颠扑不破的真理：兵民是胜利之本。在庆祝人民解放军建军90周年大会上，习近平总书记在回顾和总结人民解放军90年辉煌征程时，满怀深情地说："历史告诉我们，有了民心所向、民意所归、民力所聚，人民军队就能无往而不胜、无敌于天下。只要始终站在人民立场上，赢得最广大人民衷心拥护，就能构筑起众志成城的铜墙铁壁。"[1]

中国特色社会主义进入新时代，国防和军队建设也进入了新时代，人民解放军开启强军兴军新征程。奋进新征程，必须始终坚持习近平强军思想的科学指引，必须巩固和发展坚如磐石的军民团结优良传统，凝聚同心合力共筑中国梦、强军梦的磅礴伟力。

参考文献

《中共中央关于党的百年奋斗重大成就和历史经验的决议》，人民出版社2021年版。

淮海战役纪念馆编：《淮海战役资料选》，山东人民出版社1978

---

[1] 中共中央党史和文献研究院编：《十八大以来重要文献选编（下）》，中央文献出版社2018年版，第815页。

年版。

中共中央党史资料征集委员会主编:《淮海战役》(1—3 册),中共党史资料出版社 1988 年版。

胡卫国:《淮海战役中人民群众大力支前》,《档案与建设》,2018 年第 4 期。

尚伟:《从淮海战役的胜利看人民群众的历史作用》,《党建》,2021 年第 12 期。

一艘小船（"京电号"）背后的成功密码

名称｜南京"渡江第一船"——"京电号"小火轮

年份｜1949 年

收藏单位｜渡江胜利纪念馆

文物等级｜国家一级文物

南京原下关的江边，渡江胜利纪念馆前，陈列着一件体形硕大的国家一级文物——南京"渡江第一船"，"京电号"小火轮。

1949 年 4 月 21 日，渡江战役打响。国民党军队对长江下关段两岸的所有船只，采用烧、炸、沉等办法，进行彻底破坏。当时，在下关电厂，除了运煤发电的"京电号"小火轮之外，其他的船只都被破坏了。4 月 22 日，中国人民解放军 35 军 103 师解放了浦口，直逼南京。这时我军主要任务就是迅速过江，而找船成为当务之急。

据老船工陆连云回忆，"京电号"本来是运煤的，不适宜载人，但为了过江，不得不派它上阵。为了保证士兵的安全，船工们在船舱底部，放置了十多吨的水泥块；为了尽快将战士们运过长江，他们仅用一小时就烧足蒸汽，并做好万全准备。

1949 年 4 月 23 日，在电厂和船工的支持下，人民解放军就是在这艘"京电号"上架起了数挺机枪，从江北浦口码头出发，冒着炮火渡过长江，解放南京。"京电号"也因此成为南京解放过程中的"渡江第一船"。

其实，"京电号"只是广大人民群众积极支援前线的一个例证。在渡江战役过程中，这样感人的支援场景还有很多。

1949 年 1 月，在辽沈战役、淮海战役、平津战役取得胜利之后，在和平谈判的烟幕掩护下，国民党军队积极布置长江防线。经过周密安排，国民党在长江边布置了 70 万兵力，100多艘舰艇，还有几十架飞机，建立起一条号称"固若金汤"的防线。

面对这样一条坚固的防线，装备十分落后、又缺少船只的中国人民解放军如何才能突破长江？答案只有一个：人民群众的支持。

听说解放军要过江，老百姓们争先恐后地报名支援。对靠江而生的渔民来说，船是赖以为生的命根子，但他们毫不吝惜，有的把沉到水底的船寻出来捐了。家里没船的，卸下门板、拆了木箱做船。短短半个月时间，人民解放军就征集到 1 万余条船。

除了船只，粮食也是战争必需品。当时，人民解放军一天就要 45 万斤成品粮，当地群众把家里的屯粮都拿出来，日夜加工稻谷。据统计，渡江战役中所需粮食的 80% 是沿江的人民拿出来的。

由于渡江战役中参战的官兵大多数都是北方人，很多人不习水性又缺乏水上作战经验，当地船工就纷纷当起了战士们的"老师傅"。不仅如此，很多船工还直接参加了渡江战役。据不完全统计，2 万多名船工参加了渡江战役，有的父子、兄弟齐上船，运送大军过江。

在渡江战役中，整个江面炮声隆隆，火光冲天，而来来往往的船只从未停歇，穿梭在炮弹炸起的一个个水柱之间。三野九兵团二十七军战士姜瑞福曾感叹："我们是江北老百姓用双手送过长江的。""渡江小英雄"马毛姐、"渡江第一船"张孝华、"特等渡江英雄"车胜科、"虎胆英雄"丁广田……千千万万支前船工舍生忘死驾驶帆船，将百万人民解放军送到江南前线，彻底粉碎了国民党反动派"划江而治"的美梦。

因此，有人说：渡江战役中，每一名解放军战士的身后，至少站着十位支前群众。百万雄师，千万人民，造就了中国共产党的无往而不胜。

渡江以后，粟裕在"三野"干部会议上的讲话指出："单从军事上去看国民党的崩溃是不够的，更重要的是从政治上去看。我们不仅在军事上过了江，而且在政治上过了江。"[1]

2020 年 8 月，习近平总书记在合肥渡江战役纪念馆参观时十分感慨地说："渡江战役胜利是靠老百姓用小船划出来的。任何时候我们都要不忘初心、牢记使命，都不能忘了人民这个根，永远做忠诚的人民服务员。"[2] 渡江战役的胜利，既充分

---

① 江苏省中共党史学会编：《中共党史论丛》第 5 辑，中共党史出版社 2010 年版，第 42—43 页。

②《习近平在安徽考察时强调 坚持改革开放坚持高质量发展 在加快建设美好安徽上取得新的更大进展》，《人民日报》，2020 年 8 月 22 日。

展现了党领导下的人民军队和人民战争无坚不摧、无往不胜的巨大力量，更深刻地体现了中国共产党始终为了人民、依靠人民，"以人民为中心"，始终坚守为中国人民谋幸福、为中华民族谋复兴的初心使命。成千上万的渔民冒着生命危险，把停靠在内河的渔船拼死抢出，划向对岸接应解放军。

习近平总书记指出："为人民谋幸福，是中国共产党人的初心。我们要时刻不忘这个初心，永远把人民对美好生活的向往作为奋斗目标。"① 中国共产党根基在人民、血脉在人民。党团结带领人民进行革命、建设和改革，根本目的就是让人民过上好日子。中华民族近代以来 180 多年的历史、中国共产党成立以来 100 多年的历史、中华人民共和国成立以来 70 多年的历史都充分证明，没有中国共产党，就没有新中国，就没有中华民族伟大复兴。

更为重要的是，渡江战役是真正让中国人民"站起来"的一场战役。在渡江战役中，面对无视警告闯入中国长江水域的英国军舰，中国共产党展示出捍卫国家主权的坚定决心和强大勇气，坚决炮击英国"紫石英"号军舰。它向全世界表明了，在中国共产党领导下的中国人民不惧怕任何外来威胁，坚决反对帝国主义侵略的严正立场。这也是从 1840 年鸦片战争以后，中国人民第一次义正词严地向横行在中国各大内河的列强军

① 习近平：《在党的十九届一中全会上的讲话》，《求是》，2018 年第 1 期。

舰，发出了来自主人的"驱逐令"！这次事件标志着西方列强在中国"炮舰外交"的最后终结，让曾经在中国大地上横行百年的外国侵略者颜面尽失，让中国人民挺直了腰杆，找回了尊严，真正地站立了起来。

回看历史，在民族危亡之际，很多中国人都在寻求"外援"，孙中山请求帝国主义和上海资本家的支持，蒋介石寻求美帝国主义、上海大资本家和流氓头子们的支持。我们共产党也有支持，但我们的不是"外援"，而是"内援"，我们只寻求老百姓的支持。

什么是真正地为老百姓服务？是在民族危难之际仍然推行理想化的新生活运动吗？是乞求外国给中国人民发救济粮吗？都不是！是把老百姓身上的重担给摘下，而且永远不允许再压在老百姓身上。中国共产党就是通过这一战，让所有人都知道：所有帝国主义都不许再在中国撒野，不许再压迫中国人。这是真正地为人民服务，是真正地以人民为中心。正是因为中国共产党真正地为人民服务，才能获得人民的广泛拥护和支持。在100年里中国共产党领导中国人民取得新民主主义革命成功，领导中华民族迎来了从"站起来""富起来"到"强起来"的伟大飞跃，带领中国这艘巨轮行稳致远。

参考文献

《中国共产党简史》编写组编：《中国共产党简史》，人民出版社、中共党史出版社 2021 年版。

鹿彦华、李建力：《百万雄师过大江——记渡江战役》，中国工人出版社 1998 年版。

渡江胜利纪念馆编：《渡江战役亲历者口述史》，南京出版社 2019年版。

第二章

自力更生 发愤图强

勇气

闪亮徽章颂扬新中国第一位
特级战斗英雄

名称 | 杨根思烈士的一级国旗勋章证书和金星奖章
年份 | 1951 年前后
收藏单位 | 中国人民革命军事博物馆
文物等级 | 国家一级文物

在中国人民革命军事博物馆中，有这样两件一级文物——一份证书和一枚徽章，其中蕴含着独特的历史记忆和价值。这两件一级文物是属于"新中国第一位特级战斗英雄"杨根思的。翻开中国人民志愿军的英雄谱，"特级战斗英雄"杨根思的名字位列榜首。小小的证书和徽章的背后内蕴着这位战斗英雄不平凡的人生经历，这是朝鲜民主主义人民共和国为表彰他英勇无畏的精神而颁发的。让我们一起透过这小小的证书和徽章来深入地了解他吧。

说到杨根思，必然要提及的是抗美援朝战争——成千成万的中国志愿军将士浴血奋战，一往无前，壮烈牺牲。从电影《长津湖》中我们可以看到抗美援朝的残酷与悲壮：铁道列车被炸的惨烈，乱石阵上的隐忍，通信塔之战紧张激烈，新兴里战斗气壮山河，片尾"冰雕连"令敌人为之动容……这一幕幕无不让我们破防。想必大家在影片末尾会关注到一个年轻的战士，他无所畏惧，在美军即将靠近的时候，拉响了炸药包，和40余名美军同归于尽。这个人就是杨根思，他用生命诠释了自己的"三个不相信"："不相信有完不成的任务，不相信有克服不了的困难，不相信有战胜不了的敌人"。这是他在赴朝作战前的动员会上，身为一连之长喊出的振聋发聩的"三个不相信"的战斗誓言。

杨根思，本名为羊庚玺，1922年出生于江苏泰兴的一个普通农民家庭，由于当初参军时，登记员写错了字，才有了"杨根思"这个名字。父亲在他4岁时，被地主折磨致死，母亲含冤成病，不久离世。贫困饥饿的逼迫，使得年幼的杨根思不得不顶着烈日风雪去给地主种田放牛，仇恨的种子就这样深深埋在了他幼小的心灵中。杨根思15岁时被哥哥带到上海林记地毯厂当学徒工。在这里，与他相依为命的哥哥在包工头的压榨下死去，杨根思也备受压迫。杨根思亲身经历了旧社会的黑暗，目睹了劳苦大众遭受的迫害，渴望能改变这种不公的现状。饱受生活磨难的杨根思对这个人吃人的社会深恶痛绝，心里渴望得到翻身解放。在他得知共产党领导的军队是人民的队伍后，就下定决心跟党走。

1941年皖南事变发生后，新四军军部重建，部队迅速壮大，革命浪潮席卷整个南方地区。杨根思听闻家乡来了共产党、新四军，他们带领穷人闹革命，这消息让他无比振奋，回乡后他立刻参加了民兵基干队。1944年2月，在革命队伍的影响下，杨根思毫不犹豫地加入了新四军，成为革命战士。在部队里，杨根思向排长表达报仇出气的想法，排长语重心长地告诉他："你可知道，这世界上有多少人在受苦受难，多少人家破人亡。

新四军是人民的队伍，是完全为着解放人民的。"部队生活的成长经历，开阔了杨根思的革命胸襟，逐渐让他懂得更多的革命道理。在部队的诉苦大会中，杨根思得知有许多和他一样遭遇的战友时，进一步坚定了革命理想和信念。初入新四军，杨根思就以执着坚韧的钉子精神，勤学苦练战斗技能。为提高投弹准确率，他将教练手榴弹整天带在身边，一有空闲就投入练习，即便手臂练肿、双腿练瘸也咬牙坚持。在转战苏中抗击日伪的战斗中，杨根思逐渐成为一名勇猛善战的战斗员。

1945 年春，杨根思所在部队南下，收复了日军占领的浙西地区。然而，紧接着国民党顽固派连续调集重兵企图歼灭新四军苏浙军区部队。因此，杨根思跟随部队参加了粉碎敌人阴谋的浙西自卫战。杨根思在战斗中敢打敢拼，拿着手榴弹冲进敌人阵地炸死哨兵，为先头部队赢得宝贵的进攻时间。战斗结束后，杨根思被评为"战斗模范"。抗日战争胜利后，杨根思和部队向山东挺进，行军路途艰难，他帮助队友背米袋、扛机枪，再苦再累都丝毫没有抱怨。11 月，部队到达山东莒南时，杨根思加入中国共产党，满怀激情地向党组织表示："我这一辈子都交给党了。"事实也证明他实现了自己当初的这份诺言。

在后来的革命斗争中，杨根思不畏艰难跟随部队转战南北，在抗日战争与解放战争的大小战斗中勇敢作战，靠自身过硬的素质和胆识在历次重大战役中屡建奇功，两次被评为"战斗模范"。1946年，国民党公然撕毁停战协定，准备进攻解放区。在围歼泰安守敌的战斗中，杨根思冲在最前面，眼睛受伤不下火线，用18颗手榴弹歼灭屋顶的敌人，占领制高点，帮助部队取得胜利，再次被评为"战斗模范"。这期间，杨根思一心想在战斗中发挥出更大的作用，他看到爆破在攻城中展现的巨大威力，便下定决心报名学习。同年10月，在鲁南郭里集战役中，杨根思不顾敌人密集的炮火，三次将拉雷放在敌人碉堡下，为全歼守敌立下大功，被誉为"爆破大王"。此后，杨根思又在齐村战斗中，连续爆破敌人碉堡群并俘虏了近一个排的敌人，被华东野战军领导机关授予"华东一级人民战斗英雄"的称号。1948年，杨根思在淮海战役中被任命为新四军华东第一纵队第一师排长，他率领一个加强排突入敌阵，以少胜多，获得"华东三级人民战斗英雄"的称号。

1950年5月，杨根思参加全军首届英模大会，被评为"一级战斗英雄"。同年9月，他出席了在北京举行的第一次全国战斗英雄代表大会，受到了毛泽东、周恩来、朱德等领导人的亲切接见。后来，我们通常将此次参会的英模人员统称为"全国战斗英雄"。在会议期间，杨根思听说美帝国主义的战火已经烧到了鸭绿江畔，并派飞机轰炸和扫射我东北边境。他感到非常愤怒，用自己的笔写下了："杨根思决心保卫世界和平！"

1950年6月，朝鲜战争爆发。同年10月，杨根思被任命为志愿军第 20 军 58 师 172 团 3 连连长，率领全连官兵跨过鸭绿江，由东线奔赴朝鲜战场。3 连进入朝鲜后，一路上所见到的都是美国飞机狂轰滥炸所造成的惨象：整个朝鲜不管是城市还是乡村，几乎见不到一间完整的房子，大街上烟熏火燎，到处都可看到横陈的尸体，听到伤员的呻吟声。杨根思和指导员商定，利用部队在江界领粮的机会，召开一个控诉美帝滔天罪行的现场会。会上，战士们都用亲眼所见、亲耳所闻的血淋淋的事实进行揭发和控诉。他们说："如果我们不抗美援朝，我国人民就必将遭到同样的灾难和痛苦。我们多流血，祖国人民不流血！"部队的士气被完全激发起来了。

11 月 25 日，抗美援朝第二次战役打响了。志愿军第 9 兵团在朝鲜战场东线担任作战任务，发动对进至长津湖地区的美海军陆战第 1 师、步兵第 7 师的分割围歼战。杨根思奉命率本连第 3 排战士执行攻占并坚守咸镜南道长津郡下碣隅里外围"1071.1 高地"的东南小高岭阵地的任务。下碣隅里为长津湖南端的一个小镇，地处朝鲜东北部的盖马高原，穿镇而过的简易公路是这一地区的交通命脉。驻扎于此的美陆战 1 师是二战时太平洋战场的"王牌"师，装备精良且火力凶猛。第二次战役打响后，志愿军第 9 兵团将长津湖地区的美军分隔阻截，形成 4 个大的包围圈。美陆战一师孤立无援，唯有突围南逃，杨根思所带领的部队则主要负责将美军南逃的退路给切断。

当时更艰难的是朝鲜北部遇上 50 年不遇的严冬，10 月底普降大雪，到 11 月气温骤降到零下 30 摄氏度。志愿军战士仓促入朝，仍头戴大盖帽，身着薄棉衣，脚穿胶底鞋。在冰天雪地里，冻伤的战士双手肿如馒头，冻裂的双耳结上厚厚的血痂，这种情况使非战斗减员的情况比较严重。面对这种恶劣的环境，杨根思指导连队的战士用各种方式御寒，如用毛巾捂住大盖帽，用玉米壳做鞋垫或包脚等。他还动员大家用雪"擦脸""擦手"，进行山地进攻训练，休息时大家围拢着互相取暖……在杨根思的带领下，全连 169 人顶风冒雪，于 11 月 26 日前到达长津湖指定集结地下碣隅里。面对二战太平洋战场上的"王牌"师——美海军陆战队第 1 师，杨根思在战前动员时再次向战士们提出了"三个不相信"的宣言：不相信有完不成的任务，不相信有克服不了的困难，不相信有战胜不了的敌人。

战斗打响后，杨根思镇定地告诉战友："让敌人上来，到四五十米处时，步枪瞄准打，机枪点射，坚决把敌人歼灭干净！"面对我军的战术安排，敌人发现己方的进攻完全无效，只好不断增加坦克、轰炸机等重火力进行轮番轰炸。杨根思则率领队伍或以工事掩护射击，或以刺刀、枪托拼杀，顽强地击退了敌人的 8 次冲锋。战斗间隙，杨根思对战士们说："敌人凶，我们要更凶。子弹拼光了拼枪托，拼断了枪托再拼洋锹。绝不能丢阵地，丢阵地就是丢脸。"然后，他带领战友们宣誓："我们活着就是为了消灭所有反动派。为了祖国,为了朝鲜人民,为了全人类解放,我们要守住这个阵地。"战斗越来越激烈,阵地前倒下了近千美军,杨根思的战友也所剩无几。面对敌人的第 9 次也是最后一次反扑,杨根思指挥最后的重伤员带着仅有的一挺打完了子弹的重机枪撤回营部,自己则抱起一包炸药,在硝烟中冲进敌群,拉燃了导火索。一声轰响,英雄以自己的壮烈牺牲换取了群敌的粉身碎骨。在杨根思牺牲的同时,后续部队赶到下碣隅里,对美军陆战 1 师发起总攻,美军遭到重创,最终我军取得了长津湖战役的胜利。

回顾这场战斗可以看到,面对大规模撤退的美国王牌陆军第 1 师,杨根思仅以一个排的战斗力量打退美军 2 个连队、8 辆坦克且数量多于自己 6 倍的敌军进攻,顽强阻击了对方整整一天一夜,打退了对方 8 次进攻。当子弹用尽,杨根思毅然决然地抱起最后的炸药包冲入敌群,与 40 多个敌人同归于尽,完成了切断敌人退路的阻击任务,履行了他"只要我们还有一口气,就要和敌人拼到底""人在阵地在"的铮铮誓言。阵地守住了,英勇的杨根思却牺牲了。这一年,他年仅 28 岁。

捐躯赴国难,视死忽如归。1952 年 5 月 9 日,中国人民志愿军领导机关追记杨根思为特等功,并追授他"特级战斗英雄"的称号。他被列入《志愿军战斗英雄谱》,杨根思所在连队被追授为"杨根思连"。1953 年 6 月,朝鲜民主主义人民共和国最高人民会议常任委员会追授杨根思"朝鲜民主主义人民共和国英雄"的称号和金星奖章、一级国旗勋章荣誉，并修建杨根思英雄纪念碑。中国人民志愿军总司令彭德怀题词赞誉他是"中国人民的优秀儿子，国际主义的伟大战士，志愿军的模范指挥员"。

> 我来过，燃烧过，
>
> 我身后，是祖国，
>
> 坚守这阵地和荣誉，
>
> 挥洒着热血不放弃
>
> …………

电影《长津湖之水门桥》的片尾曲，打动了无数人的心。时至今日，在杨根思连的荣誉室内，仍然珍藏着那面凝聚着"三不相信"精神的连旗，它激励着一代又一代人民子弟兵不断续写传奇、创造奇迹。而以杨根思等英雄为原型创作的电影《英雄儿女》，也早已成为无数中国人心中永不褪色的时代记忆。2009 年 9 月 14 日，杨根思当选为"100 位新中国成立以来感动中国人物"。2019 年 9 月 25 日，新中国成立 70 周年之际，杨根思被评选为"最美奋斗者"。

抗美援朝已经过去 70 余年，正是因为有了无数个像杨根思这样的"最可爱的人"的牺牲与奉献，才锻造了伟大的抗美援朝精神，这是中国共产党人和人民军队崇高风范的生动写照，是中华民族传统美德和民族品格的集中展示，是以爱国主义为核心的民族精神的具体体现。在前进道路上，我们仍然会面临各种各样的风险挑战，会遇到各种各样的荆棘坎坷，我们必须要大力弘扬伟大的抗美援朝精神，牢记初心使命，坚定必胜信念，发扬斗争精神，增强斗争本领，以压倒一切困难而不为困难所压倒的决心和勇气，在新时代继续书写"三个不相信"的崭新传奇！

参考文献

朱成山、汪佩：《英雄谱里闪耀杨根思精神》，《群众》，2021 年第 4 期。

翟佳琪：《杨根思：勇士辉煌化金星》，《党建》，2020 年第 11 期。

袁锦云：《杨根思：战火淬炼的特级英雄》，《世纪风采》，2020 年第 6 期。

魏尧：《与敌人同归于尽的爆破大王杨根思》，《学习时报》，2020 年 6 月 1 日。

《"最美奋斗者"建议人选及事迹简介》，《人民日报》，2019 年 9 月 16 日。

于勇：《志愿军特级战斗英雄杨根思》，《档案与建设》，2010 年第 7 期。

王杰烈士墓

——"两不怕"精神的永远留念

名称 | 王杰烈士墓

年份 | 1967 年

收藏单位 | 王杰烈士陵园

文物等级 | 未定级

　　王杰烈士墓位于江苏邳州市，在墓地的背后树立着一面纪念墙，墙上大大地书写着毛泽东主席对王杰烈士的高度评价："我赞成这样的口号，叫做'一不怕苦、二不怕死。'"当我们来到墓碑前，必然会思考王杰是一个什么样的人呢？为什么毛泽东会对王杰作出如此高度的评价呢？这就需要回到王杰这个人物的事迹中去捕捉。

　　"王杰的枪我们扛，王杰的歌我们唱，一不怕苦、二不怕死，一心为革命，永远跟着党……"从江苏徐州到山东金乡，从军营、机关、社区到学校，这首《王杰的枪我们扛》的嘹亮歌声始终回荡，一代又一代中华人民共和国儿女耳濡目染、浸润其中，早已将王杰精神融入血液、化作基因。歌曲中传唱的王杰就是本篇的主人公。他是一名伟大的共产主义战士，一个时代的英雄，也是一个让国家无法忘却的名字。1965年，在即将爆炸的炸药包前他纵身一跃，把生的希望留给别人，把死的危险留给自己，将自己的生命永远定格在年轻的23岁。

　　王杰，1942年10月出生，原名王遵明，山东金乡县人。他的父亲只是当地的一个普通农民，由于家里孩子太多、负担较重，王杰出生后不久就被过继给了伯父王儒堂。到王杰懂事时，抗日战争已经取得胜利，他的家乡也迎来了共产党的武装力量，并建立了由共产党领导的人民政权。他一家人和当地广大民众一样，发自内心地感激共产党的解放之恩。王杰从小受到大人们的影响，在 1948 年就参加了当地的儿童团。1949 年新中国成立，王杰也有机会进县城的小学读书。在学校，他积极进步，1951 年就加入了中国少年先锋队。1956 年，王杰考入了金乡县第一中学。在这里读书时，他仍然是一个好学上进、助人为乐的好学生。老师和同学对他的印象都非常好：学校里桌椅坏了，他主动去修；同学家里有困难，他第一个出来帮助。1958 年，16 岁的王杰随养父搬迁到东北的阿荣旗那吉屯农场场部定居。在新的学校里，王杰依然保持着学习刻苦、乐于助人的好习惯，被评为学校的"三好学生"。

可以说，王杰是"生在旧社会长在红旗下"的一代，从小爱看英雄画册，听着老一辈讲"金乡人民斗日寇"和"刘邓大军打羊山"等战斗故事长大，一颗从军的种子早早地埋进了心田。而且听着黄继光、董存瑞等战斗英雄故事成长的王杰，从小就崇尚英雄。此时的他年纪尚小，但在他的印象和理解中，英雄人物大多数都是在解放军里的，因而他最大的愿望就是参加中国人民解放军，在部队里成为一个英雄人物。在整个求学经历中，他接受了系统的爱国主义教育：加入少先队戴上红领巾，参加学校组织的军训，多次前往羊山革命烈士陵园扫墓……就这样一步步坚定了他参军报国的志向。1961 年，当他听到美蒋叫嚣"反攻大陆"的消息后，内心久久不能平静，随即写下了自己的志愿："人一生以服从祖国需要为最快乐，服兵役是第一志愿。"8月，王杰放弃了读高中的机会，积极应征入伍，入伍后被分配到了当时的济南军区装甲师某部工兵营1连6班。

初到连队戴上崭新的帽徽领章时，王杰心里别提有多高兴，他兴奋地问指导员："我现在是个革命战士了吧？"指导员说："外表上是像了，但要成为一个真正的革命战士必须好好改造思想，学好毛主席著作。"指导员的这句话为王杰的思想提升打开了一扇大门。第一次领到津贴费后，王杰立即就去买了毛泽东主席著作，夜以继日地学习。王杰十分热爱学习，注意世界观的改造，无论多忙多累，无论走到哪里，一有时间就拿出《毛泽东著作选读》认真学习，从中汲取精神营养。在训练和劳动的间歇，战友们经常看到的一个场景就是王杰拿着书静静地读着。并且，他结合工作和思想实际，在当兵4年中就写下了300多篇总计超10万字的心得日记。这些日记真实记录了英雄成长的心路历程，他在其中写道："什么是理想？革命到底就是理想。什么是前途？革命事业就是前途。什么是幸福？为人民服务就是幸福。""为了党，我不怕进刀山入火海；为了党，哪怕粉身碎骨我也甘心情愿。""我们要'一不怕苦、二不怕死'，做一个大无畏的人。"他的笔下是这么写的，事实上他也是这么做的。

王杰在加强理论学习的同时，还刻苦钻研业务理论，提升自己的军事技能。为了讲好一堂训练课，他半夜打着手电在训练场实地操作、反复修改教案。凭着这股不怕吃苦、勤奋好学的劲头，王杰的专业技术日渐提高，由打底炮逐渐学会打顶炮、拱炮，日掘进指标由原来每小时 7 厘米提高到 12 厘米，他也很快被评为连队"打锤标兵"。而且由于王杰不怕受累，坚持刻苦钻研技术，成了全连的先进楷模和学习榜样，并且连续 3 年被评为"五好战士"，2 次荣立三等功，还被授予了"模范共青团员"和"一级技术能手"称号。

王杰在部队时还给自己树立了一个学习的榜样，这个榜样就是雷锋。他学习雷锋的"钉子精神"，热爱学习，只要有一点时间就用来读书；他关怀战友，战友有困难，他第一个站出来帮助；他无私无畏，有危险任务，他总是冲在战友前边。他学习雷锋爱护集体财产，在施工中特别注意不损害工具和机器。他学习雷锋助人为乐，帮助群众做好事从不留名。他学习雷锋的奋斗精神，在训练和施工中总是超额完成任务，是连队的"排头兵"。平时，他还总是主动找工作去做，因此被大家称为"闲不住的人""不知疲倦的人"。

王杰在学习雷锋时还对自己提出了更高的要求，最突出的就是他在日记中写下的这句信条："一不怕苦、二不怕死"。实际上，他在平时的工作中也就是按照这两句话去做的。在冬训中，他带头跳进结冰的水里打桩架桥，腿冻僵了仍然坚持作业；在沂蒙山施工时，突然暴发的山洪卷走了物资，他第一个奔去抢救；爬险路、钻山洞时，他不畏艰险，争当先锋；施工爆破时，他总是冒着风险抢先装药、放炮，有时出现哑炮，他也争着冲上前去排除。王杰所在的工程兵部队常年担负施工任务，他与战友一起开山劈石，从不叫苦，他在施工中总是抢着到最危险的地方作业。战友们对此曾评价他说："哪里有困难，哪里最危险，哪里就有王杰。"

王杰之所以有这种精神，是有着深厚的思想基础的。他在1963年4月5日的日记中就写道："一个人活在世界上，活要活得有意义，死要死得有价值。活在世界上不能碌碌无为、虚度年华，要像黄继光、董存瑞、雷锋那样，把自己的一切甚至是生命献给人民最壮丽的事业——共产主义。死要死得有价值，为了祖国为了人民，就死得其所，死得光荣。"从小就崇拜英雄的王杰，特别敬佩那些在战场上英勇奋战、为国捐躯的英雄，他也想要做这样的英雄，这是他的理想。

1963年8月27日，王杰所在部队奉命到河北抗洪救灾。一天夜里，上级命令他们到木料场去抢运木料。木料场被茫茫的洪水围困着，必须首先派一个尖兵探出一条安全的路来，大家才能顺利进场。王杰抢先要求担负这项艰难的任务，他在齐胸的水中探索前进，好几次掉进没过头顶的深坑。在寻找进出口时，他腿上和手上被在水下的铁丝网划了道道血痕，但为了顺利完成抢运任务，王杰把这一切完全置之度外。王杰这种奋不顾身、迎难而上的精神，使战友们受到了极大的鼓舞和教育。可以说，王杰用行动在工作中实践了自己"一不怕苦、二不怕死"的誓言。1965 年 5 月，他还写下了志愿到越南前线参战，支援越南人民反对美帝国主义斗争的请战书。早在他 5 月 1 日的日记中，他就写道："我们要一不怕苦，二不怕死，做一个大无畏的人。"

1965 年 7 月 14 日，王杰在邳县张楼公社帮助民兵地雷班进行军事训练。当天，12 名民兵和人武干部在进行最后一项训练——炸药包实爆。这种实爆对于王杰来说是非常熟练的，但是为了安全，他让民兵们在训练场等着，独自来到几十米外的河边进行试验，接连两次的实爆都成功了。试爆成功后，民兵们兴奋起来，王杰让大家围成一圈，认真地进行讲解，仔细做着示范动作。突然，埋设炸药包的土层冒出了白烟，当炸药包即将发生意外爆炸的危急关头，王杰大喊一声"闪开"，然后纵身一跃，毅然扑向炸药包，用身体压住了炸点。随着一声巨响，他把生的希望留给别人，把死的危险留给自己。炸药包爆炸后，在场的 12 名民兵和人武干部安然无恙，王杰年轻的生命却永远定格在 23 岁。

生如夏花之绚烂，死如泰山之凝重。在那一瞬间，有着丰富爆破经验的王杰完全可以选择后仰，只要身体向后一仰，就可以脱离生命危险，然而他却毅然决然地选择了用身体向前扑上去。他用葱郁的青春和鲜活的生命实现了自己的豪迈誓言："我要一不怕苦，二不怕死，做一个大无畏的人！"王杰奋不顾身用自己23岁的青春之躯，换来了12个民兵和人武干部的宝贵生命，他用生命践行了自己"一不怕苦、二不怕死"的人生信条。王杰生前曾14次向组织递交入党申请书，写下"在荣誉上不伸手，在待遇上不伸手，在物质上不伸手"。王杰牺牲后，根据他生前愿望，所在部队党委追认他为中国共产党党员。

英雄虽离去，精神永长存。王杰牺牲后，《人民日报》《光明日报》《解放军报》和中央人民广播电台等各大媒体相继报道了王杰的事迹，刊发了十多万字的《王杰日记》；中国人民解放军原总政治部、全国总工会、共青团中央、全国妇联先后发出通知，号召全国军民向王杰学习，各行各业都掀起了向王杰学习的热潮。学习他"一不怕苦、二不怕死"，踏踏实实、埋头苦干，热爱祖国、热爱人民，全心全意为人民服务的高贵品德。1968年，为了缅怀英雄，王杰成长的山东金乡县花鼓村改名为"王杰村"，并在村里修建了一座纪念馆。

王杰在他平凡而伟大的一生中，充分践行了为祖国"一不怕苦、二不怕死"的伟大精神。他牺牲后，得到党和国家领导人的高度赞扬和褒奖。不仅是毛泽东主席，周恩来总理也为他题诗："座座高山耸入云，我们施工为人民。不怕施工苦和累，愿把青春献人民。"朱德、叶剑英和董必武也亲笔为王杰题词，对王杰的"两不怕"精神给予高度赞扬。1965 年 11 月 27 日，国防部将他生前所在班命名为"王杰班"。穿越历史时空，英雄王杰的名字在人们的心中永恒。2009 年 9 月 14 日，王杰被评为"100 位新中国成立以来感动中国人物"之一。

如今，王杰用生命谱写的"一不怕苦、二不怕死"精神，已成为中华民族精神宝库中一颗璀璨夺目的瑰宝，在一代代华夏儿女中传承。2017 年 12 月，习近平总书记在徐州王杰生前所在连队视察时，说道："我小时候就知道王杰的故事，王杰是我心目中的英雄！"他详细了解了王杰同志"一不怕苦、二不怕死"的事迹，动情地讲："一不怕苦、二不怕死是血性胆魄的生动写照，要成为革命军人的座右铭。""王杰精神过去是、现在是、将来永远是我们的宝贵精神财富，要学习践行王杰精神，让王杰精神绽放新的时代光芒。"2019 年 1 月，习近平总书记还给"王杰班"全体战士回信，勉励他们"好好学习、坚定信念、苦练本领、再创佳绩，努力做新时代的好战士，在人民军队的大熔炉中书写火热的青春篇章"。王杰精神已经成为中国共产党人精神谱系中的重要组成部分，这个响亮的口号、这种永恒的精神在人们心中历久弥新，正激励着全党、全军和全国人民在新时代的征途上阔步前进！

参考文献

李清华、高腾:《王杰:英雄精神永流芳》,《光明日报》,2021 年 5 月 27 日。

戴强、李怀坤:《王杰:英雄精神代代传》,新华社,2017 年 7 月 31 日。

胡玥:《王杰精神的内涵与传承》,《人民政协报》,2017 年 12 月 28 日。

李蕊:《王杰:一不怕苦　二不怕死》,《人民日报》,2021 年 5 月 27 日。

石慧:《王杰:"以服从祖国的需要为最快乐"》,《党建》,2021 年 5 月 6 日。

张俊梅:《英雄王杰:以生命赴使命把青春献人民》,《世纪风采》,2021 年第 9 期。

赵志强、李桂英:《英雄王杰与王杰精神》,《山东档案》,2005 年第 6 期。

曹萍、张红:《王杰烈士档案》,《档案与建设》,2005 年第 10 期。

徐隽、刘博通:《王杰精神永远是我们的宝贵精神财富》,《人民日报》,2021 年 11 月 26 日。

朝气

人民政权保淮河安澜，
大堤石碑刻百年初心

名称丨洪泽湖大堤石刻——"一定要把淮河修好"

年份丨1967年

文物等级丨未定级

在碧波荡漾的洪泽湖上，矗立着一座规模宏大，做工精细的大堤。它既展示了中国人水利建设的高超技艺，也承载着丰厚的历史文化底蕴。大堤周边散布着诸多石碑与石刻，每一块都彰显着历史的厚重。在这些石刻中，最独特的便是新中国成立初期毛泽东主席亲笔手书"一定要把淮河修好"的石刻。了解这块石刻的来历，这还要从 1950 年的淮河水患说起。

1950 年夏天，一场特大暴雨袭击了淮河中上游地区。持续了半个月的雨水，汇聚成滚滚洪流，在淮北地区引发了大洪水。刚刚获得解放不久、正在进行土地改革的淮北农民的房屋被冲毁，大片土地被淹，数百里的河堤全部失去作用。虽然淮河流域自古以来便多灾，但由于国民党统治时，水利工程长期失修，又遭遇了连年战乱，使得这一次的灾情，无论在受灾范围还是在严重程度上，都远超以往的水灾。仅河南和安徽两地受灾耕地就超过四千万亩，受灾群众达一千三百多万人。

当时，新生的共和国领导人正在精心领导恢复国民经济工作，指导新解放区土改，同时还密切关注着朝鲜的战局。正是在此工作千头万绪之际，毛泽东主席于 7 月 20 日收到了来自华东防汛指挥部的紧急电报，"正阳关以上右岸已全部漫决，正阳街上水深数尺，致成阜南、霍邱重庆，尤以支流雨水过大，灾面极广。阜阳区全淹六百万亩，半淹七百万亩。宿县区淹五百一十七万亩，六安区淹六十万亩，滁县区淹三十万亩，蚌埠淹十万亩，共约一千九百二十余万亩。"① 随即，毛泽东主席将报告转批给政务院总理周恩来，"除目前防救外，须考虑根治办法，现在开始准备，秋起即组织大规模导淮工程，期以一年完成导淮，免去明年水患。请邀集有关人员讨论（一）目前防救、（二）根本导淮两问题。"② 面对这场波及千百万人民生命安全和生产生活的大灾，收到批示的周恩来心急如焚，紧急调拨三千万斤粮食救急，增派车运班次疏散灾民。

然而，灾情仍在持续升级：河南告急！苏北告急！皖北告急！不足半月，电文再次被送到毛泽东主席面前，当他读到报告中写的有些灾民因躲避洪水不及，爬到树上、被毒蛇咬死这些文字时，不禁流下了眼泪。他在"由于水势凶猛，来不及逃走，或攀登树上，失足坠水（有在树上被毒蛇咬死者），或船小浪大，翻船而死者，统计四百八十九人"③ 这段话里面，"被

---

① 华东军政委员会：《皖豫水灾情况报告》，1950 年 7 月 18 日。

②《毛泽东文集》第六卷，人民出版社 1999 年版，第 85 页。

③ 中共中央文献研究室编：《毛泽东传》第三册，中央文献出版社 2011 年版，第 1056 页。

毒蛇咬死者"和"统计四百八十九人"下面画上了横线。这触目惊心的数字让他下定决心，不能再让灾难重演，他对秘书田家英说："不解救人民，还叫什么共产党！"[1]

8月5日，距第一次批示刚过16天，毛泽东主席作出了第二次批示，并下达了在一个月之内必须完成的重要任务："请令水利部限日作出导淮计划送我一阅。此计划八月份务须作好，由政务院通过，秋初即开始动工。"[2]

"河南排，苏北堵，中间的皖北最受苦。"这句流传在淮河流域百姓口中的顺口溜，或许可以概括当时的复杂情况。河南、皖北在淮河上游中游，希望能将水流引向下游。而位于下游的苏北，则指望中上游两省蓄水抗洪。如果要根治淮河，除皖北地区外，豫南、苏北计划好的农业生产、土地改革都会受到影响。而此时新中国刚刚成立，百废待兴，正面临着各方面发展革新的繁重工作。为此，周恩来两次召开中央政务会议协调。虽然面临的问题极为复杂，但因为淮河水灾严重影响人民的生命和财产安全，为了人民的根本利益，周恩来的意见十分坚定，"水灾非治不可，如果土地不洪就旱，那就土改了也没有用"[3]。

---

① 莫志斌：《邓小平与毛泽东》，人民出版社2014年版，第85页。
②《毛泽东文集》第六卷，人民出版社1999年版，第85页。
③ 金冲及主编：《周恩来传（1898—1976）》（下），中央文献出版社2008年版，第880页。

8月31日，毛泽东主席也为此作出了第三次批示："导淮必苏、皖、豫三省同时动手，三省党委的工作计划，均须以此为中心，并早日告诉他们。"[1]从8月25日开始直至9月12日，连续19天，周恩来亲自参与并指导了水利部召开的治淮会议，并最终提出"蓄泄兼筹"的治淮方案。在随后的政务会议上，周恩来特别强调，"这次治水计划，上下游的利益都要考虑到，并且还应有利于灌溉农田，上游蓄水库注意配合发电，下游注意配合航运。"[2]9月21日，毛泽东主席为推进治淮工作，再次作出批示："现已九月底，治淮开工期不宜久延，请督促早日勘测，早日做好计划，早日开工。"[3]10月14日，政务院发布《关于治理淮河的决定》，制定了上中下游按不同情况实施"蓄泄兼筹"的方针。

1950年冬季，在各地政府的统一组织下，80多万民工来到治淮工地。他们在淮河两岸搭起了帐篷和简易房屋，按军事建制组织起来，投入到火热的治淮劳动中去。仅仅用了80多天，就建成了一条长达168公里的苏北灌溉总渠。1951年春种之后，治淮工地又集中了数十万民工，投入到第二阶段的治淮工程中

---

① 《毛泽东文集》第六卷，人民出版社1999年版，第86页。

② 《周恩来年谱（1949—1976）》（上卷），中央文献出版社1997年版，第91页。

③ 《毛泽东文集》第六卷，人民出版社1999年版，第86页。

去。当时，淮河两岸红旗招展，口号震天，民工之间还展开了劳动竞赛。当地驻军也投入到了治淮劳动中去。①

1951 年 5 月 15 日，《人民日报》发表的毛泽东主席题词："一定要把淮河修好"，表明了共产党对人民至上的价值追求和治淮的坚定决心，对如火如荼的治淮"战场"也是极大的鼓励。

1952 年，"新中国第一坝"佛子岭水库大坝正式开建，这座大坝是新中国后建设的第一个发挥巨大作用的治淮工程，在新中国史中具有重要意义。

到 1957 年冬季，治淮工程基本完成。在这 8 个年头里，河南、淮北、苏北共投入民工几百万人，治理大小河道 175 条，修建水库 9 座，库容量达 316 亿立方米，修建堤防 4 600 多公里，提高了淮河流域特别是淮河下游的防洪泄洪能力。事实证明，只有新中国，才能彻底根治淮河水患，实现淮河的安澜。②

如今，"一定要把淮河修好"石刻仍屹立在洪泽湖大堤上。历经 70 余年历程，淮河流域已经先后建成 6 300 余座水库，约 40 万座塘坝，约 8.2 万处引提水工程，规模以上机电井约 144 万眼，水库、塘坝、水闸工程和机井星罗棋布。淮河流域以

---

① 陈立旭：《毛泽东领导治水患》，《湘潮》，2006 年第 3 期。
② 周文姬、霞飞：《开国之初毛泽东亲自抓的四大水利工程》，《党史博览》，2009 年第 8 期。

不足全国 3% 的水资源总量，承载了全国大约 13.6% 的人口和 11% 的耕地，贡献了全国 9% 的 GDP，生产了全国 1/6 的粮食。[①]

2020 年 8 月，习近平总书记深入安徽考察调研，第一站就是王家坝闸。他强调，70 年来，淮河治理取得显著成效，防洪体系越来越完善，防汛抗洪、防灾减灾能力不断提高。要把治理淮河的经验总结好，认真谋划"十四五"时期淮河治理方案。[②]

"收了淮河弯，富甲半边天。"如今，在中国共产党与中国人民的共同努力下，淮河水患已经渐渐离我们远去。千里淮河上遍布的水利工程诉说着当年波澜壮阔的"治淮"景象，彰显着"以人民为中心"的价值理念，为沿岸人民带来了丰收与安澜。

参考文献

《新中国峥嵘岁月："一定要把淮河修好"》，《新华日报》，2019 年 9 月 6 日。

肖幼：《治淮 70 年的历程和主要经验》，《学习时报》，2020 年 11 月 20 日。

[①] 姜毅、王晓亮：《关于治淮 70 周年经济社会效益分析工作的思考》，《水利发展研究》，2021 年第 10 期。

[②] 中共水利部党组：《党在新中国成立后领导淮河治理的历史经验与启示》，《中国水利报》，2021 年 9 月 3 日。

"先进工作者"奖状中的激情岁月

名称 | 江苏常州市电力工人刘景林于 1954 年获得的
　　　"先进工作者"奖状

年份 | 1954 年

收藏单位 | 国网常州供电公司

文物等级 | 未定级

新中国成立后第一代电力工人刘景林去世后，他的儿子刘国良在整理其遗物时，意外地发现一张年代已久的薄纸，这是一张 1954 年的奖状，被父亲夹在一本厚厚的工作笔记中。原本红色的奖状业已褪色发黄，透过它，仿佛依然可以看到那年 32 岁的党员刘景林同志在收到奖状、得到单位的认可时，那个自豪的笑容。

1954 年，新中国成立初期，百废待兴，常州政府在现在的大江铜业公司地块处准备建设一个冶炼厂，提炼金银铜铝等稀有金属。这是当地经济发展的重点项目，因此为它配套建造 35 千伏东郊变成了当年南京电业局常州办事处最重要又紧急的任务。

在当时，东郊变的地理位置算处于非常偏远的城郊。常州办事处指派刘景林带领 3—5 人的工作小组驻扎在变电站建设现场，工程耗时将近一年。刘景林刚从事电力工人这份工作没几年，但从设计、安装到验收需要他全程负责，他感到肩头的担子很重。当时刘景林正当壮年，家中 5 个年幼的孩子、待产的妻子和老父亲全靠他一个人养。他最小的女儿才两岁，总喜欢缠着爸爸，刘景林想到这得一整年顾不上家里，心里总是过意不去。但是他的妻子安慰他："家里交给我，你放心去工作。"老父亲也对他说："你不光是要养家糊口，也要为新中国的建设添砖加瓦。你是一名党员，你的肩上是有责任的！你认真工作，全家人都为你感到光荣！"

东郊变建设的艰苦程度，是现在的我们所难以想象的。当时交通非常不发达，运输物资全靠手提肩扛，或用平板车从单位所在地徒步约 5.5 千米拖到东郊变，沉重的大型变压器需要走水路从变压器厂运输到现场。除了运输不方便，其他后勤条件也很差。这一年中，刘景林和同事们每天天蒙蒙亮就骑自行车出门，自行车后座别着工具包，包里放着几件常用的螺丝刀、扳手和图纸等物，车前篓里则放着水壶和一个铝制饭盒，饭盒里盛着一顿饭的米和菜，到饭点时就在现场的土灶上蒸。场地都是泥土地，尘土飞扬，他们也毫不介意，席地而坐就大口大口吃起来。

东郊变建成后，由于刘景林工作认真负责、业绩突出，当年南京电业局给他颁发了先进工作者奖状、两件衣服和一条毛巾。家里人都很高兴，不仅是因为在艰苦年代里获得一份物质奖励，更是因为自家出了这个一个人才。

刘景林的经历是新中国后第一代电力工人的真实写照。新中国初期，在国家经历了战争、走向新生之际，老一辈电力人充满希望地动用自己的一切智慧与力量建设祖国。他们不畏艰险、迎难而上，在工作阵地上打赢了一场场硬仗，为百废待兴的新中国奉献青春，在江苏电力史上书写了壮丽的篇章，也给我们当代青年带来了极为深刻的启示。

新中国为老百姓创造了安居乐业的时代

同先辈相比，我们所生活的时代已经太美好。刘景林总是对儿子说："我们这一辈是苦过来的。"新中国成立前，刘景林是个邮电员，为了养家糊口有的时候甚至要绕过战场为父老乡亲送信。新中国成立后，他终于能够安定下来，靠自己做邮递员时的经验自学了修自行车，在南京电业局常州办事处门口摆了个修车摊。常州办事处的叶志芳观察到这个小伙子修车的手艺不错，而自行车正是当时电力工人的主要交通设备，因此叶志芳推荐刘景林进入常州办事处工作，专门为单位修自行车。还有许许多多像刘景林这样的先辈，在新中国成立后有了稳定的居所，没有上过学的参加了政府组织的扫盲班，没有工作的进入了国有工厂成了工人。对于来之不易的和平与幸福，他们一生都抱着感恩之心，由衷地歌唱着："没有共产党就没有新中国！"

老百姓用勤劳与智慧建设富强的新中国

同先辈相比，他们身上有值得我们学习的踏实奋斗的品质。刘景林进入常州办事处后，没有以逸待劳，而是想着自己能多做点什么。他一面向老师傅学习一面自己钻研琢磨，最终转岗为一名检修工，专门修变电站开关，一生参与了郑陆变和丹阳变等许多变电站的建设。他不光"肯干"，还会运用自己的智慧"巧干"。同事沈镜明评价他说："刘景林这个人蛮会动脑筋的。"当时国内没有实现重合闸的先进技术，开关弹簧只能靠人力储能。刘景林表示："没有好技术，那我们就用土办法。"他运用简单的物理原理和手头上的工具，设计出一个用圆盘连接着绳和重锤的装置，当开关跳掉后，触动圆盘、重锤下落，用重力重新拉合开关，实现了机械化重合闸。像刘景林这样的先进人物在我们身边还有许许多多。他们积极践行的"接受任务不摇头、遇到困难不低头、完不成任务不回头"的常州供电公司"三头精神"，与"努力超越、追求卓越"的国网精神、"争先领先率先、务实创新奋进"的江苏电力特质不谋而合、一脉相承，呈现出老一辈电力工人在披荆斩棘的大建设时期，听指令、敢打拼、不服输的品质，道明了属于那个时代的精神内涵。

锐气

把"双法""送货上门"

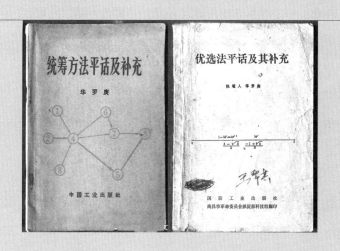

名称 | 华罗庚著《统筹方法平话及补充》《优选法平话及其补充》

年份 | 1965 年、1971 年

收藏单位 | 华罗庚纪念馆

文物等级 | 未定级

这是一位数学巨匠"接地气"的巨著。

1965 年，华罗庚把以改进生产工艺和提高质量为内容的"优选法"和以处理生产组织与管理问题为内容的"统筹法"转变为易懂易操作的"双法"，写成几乎全是大白话的《优选法平话及其补充》和《统筹方法平话及补充》。优选方法和统筹方法是数学里的术语，而"平话"就是"平白易懂的话语"。华罗庚作为一个毕生研究高深数学知识的科学家，为何会写这样的数学科普著作呢？这背后的故事，还得从华罗庚的生平说起。

华罗庚，1910 年 11 月 12 日出生于江苏金坛一个贫寒家庭。他幼时爱动脑筋，因思考问题过于专心常被同伴们戏称为"罗呆子"。初中毕业后，华罗庚曾入上海中华职业学校就读，因家道中落无力供其学费而辍学，也因此"初中毕业"就成了华罗庚的"最高学历"。

19 岁时，华罗庚因染伤寒致使左腿残疾。走路时，左腿要先画一个圈，右腿再迈上一小步，他却幽默地称这种步伐为"圆与切线的运动"。他说："我别无选择。学别的东西要到处跑，或者要设备条件；我选中数学，因为它只需要一支笔、几张纸，道具简单。我要用健全的头脑，代替不健全的双腿。"[①]

————————

① 张宇熠、王珊、葛巍：《华罗庚：用一生推演"爱国公式"》，《新华日报》，2021 年 5 月 10 日。

虽身残却志坚，华罗庚凭借顽强的毅力自学，用5年时间学完了高中和大学低年级的全部数学课程。

华罗庚在数学方面可谓天赋异禀。1929年，华罗庚受雇为金坛中学庶务员，并开始在上海《科学》等杂志上发表论文。1930年，华罗庚撰写的论文《苏家驹之代数的五次方程式解法不能成立之理由》轰动数学界。1931年，清华大学数学系主任熊庆来破格让华罗庚担任算学系图书室助理员，次年秋又破格邀请华罗庚任数学系助理员。1933年，华罗庚被升为助教并授微积分课，自此，华罗庚正式走上了沉浸一生的数学之路。1934年至1936年，华罗庚在国内外重要期刊连续发表21篇论文，国际数学界也为之惊叹，在此期间，他再次被破格提拔为教员。

1936年，华罗庚经学校推荐到英国剑桥大学留学。在剑桥期间，他为节省时间始终没有办理正式入学手续，虽然他的任何一篇论文都堪得一个博士学位，但是他只要求做一名访问学者。他说："我来剑桥是为了求学问，不是为了学位。"两年间，他在苏、法、德、印等国的数学刊物上发表了18篇论文，包括《论高斯的完整三角和估计问题》，令同行刮目相看。剑桥大学海尔布伦教授诧异地说道："东方来的人，不稀罕剑桥大学博士学位的，你还是第一个！"①1937年，全面抗日战争

---

① 朱亚宗：《一生"三立"天下传奇——纪念华罗庚诞辰110周年》，《高等教育研究学报》，2020年第4期。

爆发，未完成学业的华罗庚决定回国，任职西南联合大学数学系教授，在"看不见的战场"上，他仅用 8 个月时间就完成了他的第一部数学经典专著《堆垒素数论》。

1948 年，在全球数学界声名斐然的华罗庚受聘成为美国伊利诺依大学终身教授。1949 年，听闻中华人民共和国成立的消息后，华罗庚毅然决定放弃美国的优厚待遇回到祖国。1950 年归国途中，他写下《致中国全体留美学生的公开信》，真诚地呼唤："为了抉择真理，我们应当回去；为了国家民族，我们应当回去；为了为人民服务，我们应当回去；就是为了个人出路，也应当早日回去建立我们工作的基础，为我们伟大的祖国的建设和发展而奋斗。"华罗庚正是以这样的行动，铸就了当代科学家爱国主义的高大形象。回国后，他领导中国纯粹数学的发展，在数论、矩阵几何学、典型群、自守函数论、多个复变函数论、偏微分方程等诸多领域都作出了卓越贡献，以大讲坛的方式带领学生们推广数学，掀起一股"全民数学"的狂潮，并为新中国发现和培养了多位优秀的数学人才，如王元、陆启铿、陈景润、越民义、万哲先、龚升、许孔时、吴方、魏道政、严士健、潘承洞等等。

新中国成立初期，百废待兴，各行各业都在努力地解决生产难题。华罗庚在继续研究数学和培养数学人才的同时，也在思考如何运用数学来有效提高生产效率。要快速服务于社会生产，就必须先找到合适的数学方法、数学工具，还要想办法让一线的生产工人们能够快速掌握。几经思考和实践，华罗庚发现数学中的统筹法和优选法是在工农生产中能够被普遍应用的方法，它们可以提高工作效率，改变工作管理面貌。于是，他在亲自参与并推广双法的实践中力求寻找一条把数学和工农业实践相结合的道路，这是一个史无前例的创举。

索光明是大庆油田钻井装建大队的一名电焊工，初中学历。当年，华罗庚去大庆油田做推广双法的报告，索光明起初有些担忧，生怕自己一个初中生听不懂大数学家的方法。到了现场，索光明发现自己不但听得懂、学得会，在实际的焊接工艺中也能用得上。华罗庚那次报告的内容是介绍"0.618法"，这个方法能够帮助大家尽快找出合适的工艺参数，有效提高焊接质量和效率，这使索光明受益匪浅。1965 年，为了让更多工人受益，华罗庚把深奥数学原理转变为最朴素易懂、易操作的双法，写成了几乎全是大白话的《统筹方法平话及补充》。人们赞叹道："一个数学家，竟然能够直接给一线的工人讲课，工人还能听懂，立即动手解决问题。"此后，华罗庚不顾辛劳，身先士卒去了 20 多个省份办培训、搞推广。在 20 世纪六七十年代，全国掀起了一阵"华罗庚热"。华罗庚所到之处，总会有很多群众赶来听课，高校、科研院所、工农一线、厂矿车间的都有。1972 年形成"双法小分队"，1977 年中科院成立了"应用数学研究推广办公室"。1981 年，"中国优选法统筹法与经济数学研究会"正式成立，各地也设立分会，"双法"推广工作有了更好的条件保障，成为服务国民经济的重要力量，让科学转化为生产力，在经济方面收到显著效果。

华罗庚推广"双法"的做法，毛泽东曾称赞是"不为个人，为人民服务"，胡耀邦也曾评价"几十年来，你给予人们认识自然界的东西，毕竟超过了自然界赋予你的东西"。[①]这些评价，正映照了华罗庚"人民的数学家"的称号。

华罗庚曾说："人有两个肩膀，我要让双肩都发挥作用。一肩挑起'送货上门'的担子，把科学知识和科学方法送到工农群众中去；一肩当做'人梯'，让年轻一代搭着我的肩膀攀登科学的更高一层山峰，然后让青年们放下绳子，拉我上去再做人梯。"他一生坚持不懈、刻苦钻研、勇攀科学高峰，从亲自探路、亲自实践到形成特有的思想和方法论，从普及推广到创造性的应用，为中国应用数学发展建立了不朽伟业。他用自己的努力拼搏乃至生命不息，铸就了以"爱国爱党、自强不息、甘为人梯、无私奉献"为主要内容的华罗庚精神，这是当代科学家的典范，更是新时代科技事业创新发展源源不竭的精神动力。

---

① 顾迈男：《华罗庚传》，河北人民出版社 1985 年版，第 215 页。

参考文献

华罗庚：《给青年数学家》，中国青年出版社 1956 年版。

李景文：《华罗庚传》，河南文艺出版社 2018 年版。

顾迈男：《华罗庚传》，河北人民出版社 1985 年版。

汉语字母的故事

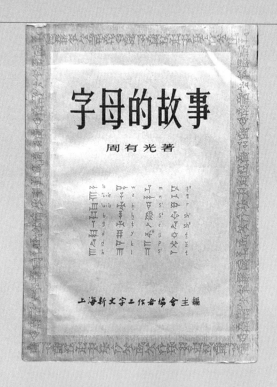

名称 | 周有光著《字母的故事》

年份 | 1954 年

收藏单位 | 周有光纪念馆

文物等级 | 未定级

这是一本毛泽东主席特意借来翻阅的著作。

新中国刚刚成立时，中国文盲率超过 80%。部分学者向毛泽东主席提出，为了有效地扫除文盲，中国需要迅速进行文字改革，建议得到了毛泽东主席的首肯。1949 年 10 月中国文字改革协会成立。1952 年，毛泽东主席在第一次访问苏联时专门咨询斯大林关于文字改革的意见，斯大林说，中国是一个大国，可以有自己的字母。同年 2 月，教育部设立了中国文字改革研究委员会。毛泽东主席指示中国文字改革研究委员会研究制定民族形式的拼音方案。倪海曙创办《语文知识》月刊，主要刊登与文字改革相关的文章，以此协助拼音方案的设计工作。这一时期，周有光是中国鲜有的对字母有研究的学者。他写过很多介绍各国古今字母的文章，都被发表在《语文知识》上，后来这些文章被编辑成《字母的故事》一书。

1954 年，中国文字改革协会升格为国务院直属的中国文字改革委员会。从 1952 年初到 1954 年末，文改委反反复复研究了近三年时间，终于出台了第一个使用汉字笔画的拼音方案，但是大家看了都不是很满意。因为汉字变化太大，以笔画来当拼音很难简洁明了地囊括全部汉字的读音。于是这一方案迟迟未能得到认可，只能继续研究。与此同时，全国上下也掀起了群众设计拼音方案的热潮。

1955 年 2 月，中国文字改革委员会内部设立拼音方案委员会，周有光成为成员之一。同年3月，周有光发表了文章《什么是民族形式》，他指出："今天世界上最通用的拉丁字母，是三千年来几十个民族逐步在实用中共同改进的国际集体创作。我们与其另起炉灶，不如采用了它，在实用中得到经验以后，提出改进的意见，贡献给全世界的人民。"[①]周有光的这篇文章让那些坚决采用汉字笔画形式字母的学者和群众认识到了文字与民族形式的关系，起到了振聋发聩的作用。

1955年10月全国文字改革会议召开。这次会议共印发了六种不同的方案初稿——四种汉字笔画式、一种斯拉夫字母式、一种拉丁字母式方案。会上多数人仍然主张使用汉字笔画字母，只有周有光及少数人主张用拉丁字母，连毛主席也赞成前者。周有光回忆："毛主席问我到底赞不赞成汉字笔画字母，我不说话；再问，还是不说话。毛主席见我不说话，于是宣布休会。"[②]后来，周有光把他写的这本《字母的故事》借给毛泽东主席看。再开会时，毛泽东主席主动提出，汉语拼音还是用罗马字母好，国际通用。

字母形式确定以后，拼音方案委员会开始指定叶籁士、陆志韦、周有光三人起草初稿，作为开会讨论的基础，其中周有

---

① 周有光：《语文风云》，文字改革出版社1980年版，第77页。

② 沈杰群、蒋肖斌：《周有光：步履不停 追寻思想之光》，《中国青年报》，2017年1月16日。

光为起草初稿的主力。三人夜以继日拟成一个《汉语拼音方案草案》，并于 1956 年 2 月 2 日由文改会发表，公开征求意见。几经修改审议，1957 年 11 月 1 日，国务院全体会议第六十次会议通过决议并决定发表拼音方案的修正草案。1958 年 2 月 11 日，第一届全国人民代表大会第五次会议通过了《全国人民代表大会关于汉语拼音方案的决议》。经过三年的谨慎工作，新中国第一部法定的拉丁字母式汉语拼音方案就此诞生！

在《汉语拼音方案》的制定中，周有光提出"三原则"和"三不是"理论。[①]"三原则"，简称"拼音三化"——拉丁化、音素化、口语化。"三不是"——不是"汉字"拼音方案，而是"汉语"拼音方案；不是方言拼音方案，而是普通话拼音方案；不是文言文拼音方案，而是白话文拼音方案。这些都有助于大家科学认识汉语拼音方案的性质。

方案出台后，下一步就是要把汉语拼音推广开来。推广汉语拼音的时候，理论上，周有光写了大量文章和著作向大家解释和传播汉语拼音的基本知识和应用；实践中，周有光等人借用原来使用过的注音字母方案来推广汉语拼音。小学的教师都懂注音字母，所以汉语拼音很快就在小学获得了推广，再扩展

---

① 周有光：《拼音方案和汉字教学法的革新——"拼音进入 21 世纪"之二》，《群言》，2000 年第 9 期。

到工商界等等。与此同时，周有光还十分重视汉语拼音在国际上的地位。1979 年 4 月，周有光代表中国第一次出席国际标准化组织在华沙举行的会议，他作了题为《汉语的罗马字拼写法：历史发展和汉语拼音方案》的发言，并提议把《汉语拼音方案》作为拼写汉语的国际标准。他说："汉语拼音成为国际标准很重要，比如在航空时代，中国的航班信息一个国家一个拼法，那是要出乱子的，飞机在天上撞上了怎么办。"[1]

针对国际提出的汉语拼音缺少词语和句子的拼写法的问题，1982 年汉语拼音正词法委员会成立，周有光担任副主任，参与汉语拼音正词法基本规则的制定。期间，周有光先后发表了《汉语拼音正词法问题》《正词法的性质问题》《正词法的内在矛盾》等论文，很大程度上解决了正词法研究中的理论问题。同年，汉语拼音获得批准成为国际标准，以拉丁字母为基础的《汉语拼音方案》架起了汉语与其他外国语言之间沟通的桥梁。

在信息时代如何让汉字更快更准确地录入计算机系统是又一个重要的考验。周有光认为我们不能在失去一个大众化的打字机时代以后，再失去一个大众化的语词处理时代。他指出中文面对计算机的出路在于采用"拼音转换法"，因此提出了"拼

---

① 施迅：《周有光：汉语拼音之父》，《今日中国》，2017 年第 3 期。

音输入这样的没有编码的输入是中文信息处理的正确道路"的
看法，并积极倡导以词语为单位输入，避免大量同音字的出现。
于是，周有光开启了汉语拼音输入法的拓荒研究，他邀请计算
机学家林才松来到北京，为其提供电脑和办公场所，指导和支
持林才松研发世界第一台中文语词处理器。后来，中文语词处
理器的发明被新华社列入《中华人民共和国大事记》。可以说，
林才松成为第一台中文语词处理器的发明人，周有光功不可没。
如今，汉语拼音输入法已经成为最受欢迎、受众最广的中文输
入法。

周有光在谈到汉语拼音方案的推广和应用时曾提到，一种
文化工具它本身要搞得好，它自己会推广的，它自己会走出去
的。拉丁字母汉语拼音十分顺利地被推广应用，也恰好证明了
这一点。

2017 年 1 月 14 日，112 岁的周有光逝世，归葬常州。他
一生学养深厚，成果颇丰，作为《汉语拼音方案》的主要制定
者，他还著有《中国拼音文字研究》《汉字改革概论》《拼音
化问题》《中国语文的现代化》《世界字母简史》《世界文字
发展史》《比较文字学初探》等专著 28 部，发表论文 300 多篇。
如果不是因为周有光，今天北京的拼音可能仍是 Peking，重庆
仍是 Chungking。

"周有光先生承继中国文化之结晶，又接受现代文明之果

实，融会贯通，诊脉中国痼疾，针砭当时弊病。"（许倬云语）①作为我国著名的语言学家，周有光对我国汉字改革规律及其他语文现代化工作进行了大量的有益探索，他在肯定西方先进文化和国内优秀文化的基础上，立足现实情况，结合民众意见，以求真务实的态度和创新精神，实现了国际化视野与民族化、本土化情怀的有机融合，为推动我国社会科学现代化进程贡献智慧和方案。因此，他被中外推崇为"让书写中文跟 ABC 一样简单的人""中国的罗马拼音之父""汉语拼音书写系统之父""汉语拼音之父"，他的事迹享誉中外。

参考文献

周有光：《我的人生故事：周有光著作精选》，当代中国出版社 2013 年版。

周有光：《〈汉语拼音方案〉的制订过程》，《语文建设》，1998 年第 4 期。

苏培成主编：《信息网络时代的汉语拼音（汉语拼音方案公布 45 周年纪念文集）》，语文出版社 2003 年版。

周恩来：《当前文字改革的任务》，《语文建设》，1982 年第 1 期。

---

① 刘晓军：《周有光的汉字改革观及其历史贡献》，《语文建设》，2018 年第 36 期。

志气

我家有座"争气桥"

名称 | 南京长江大桥

年份 | 1968 年

文物等级 | 未定级

今天的中国人再也不会对"长江大桥"四个字感到陌生了，因为今天的长江上有超过110座大桥。但只有一座被称为"争气桥"，它就是南京长江大桥。与此同时，在鞍山钢铁集团博物馆里，有一块并不起眼的钢块，却饱含丰富的内涵，许多参观者冲它而来。这是为什么呢？因为它被称为"争气钢"，是中国人自己研制出来的第一块高强度桥梁钢。那么，为什么这块钢会被赋予"争气钢"的名字，其背后藏有什么样的故事呢？这要从南京长江大桥的建造说起。

长江作为我国第一大河流，它与黄河共同滋养了中华文明，同时也隔断了中华大地的南北交通往来。人类历来渴望战胜自然，自从有了桥，人们就没有停止过在长江上建桥的愿望。长江三角洲作为中国经济最活跃、最发达的地区之一，南京作为长江三角洲的重要城市，自古以来中国人就有在南京江面上架桥的梦想。

为了解决过江这一难题，孙中山先生在其《建国方略》中，曾规划建设南京到浦口之间的过江隧道，以铁路将南京和浦口连接起来，但因各种条件的限制，这一设想未能实现。1912年，新建成的津浦铁路作为纵贯中国东部地区的动脉，却因长江阻隔终止于江北浦口，无法与江南沪宁铁路相连。1913年，北洋军阀政府曾请法国桥梁专家到南京进行建桥的勘测设计，未有结果。1930年，南京国民政府花10万美元，聘请美国桥梁专家华达尔到南京，经过几个月的实地勘察后，得出了"水深流急，不宜建桥"的结论。因而国民政府只能退而求其次，采用"活动引桥"让火车通过轮渡过江。1936年，国民政府又想在南京建桥，但不久因抗日战争全面爆发而作罢。抗战期间，南京沦陷，日本侵略军出于侵略掠夺的需要，一度计划在南京下关至浦口间挖长江隧道，并编制了方案图，但最后也没能实现。抗战胜利后，国民政府从重庆还都南京后，再次计划建桥，终因国民党政府挑起内战，最后计划付之东流。

新中国成立后，浦口和下关码头之间的轮渡渐趋饱和，已经不能满足日益增长的交通运输需求。毛泽东主席十分清楚，要构建中华人民共和国的工业体系，首先要打通数千年来被长江、黄河隔断的要道。因此，武汉长江大桥建成时，他就对当时的铁道部大桥工程局局长彭敏说："我们还要在长江上建设南京大桥、宜都大桥、芜湖大桥。"在这三座大桥中，南京长江大桥最为重要，修建难度也最大。其实，早在1956年，经国务院批准，铁道部大桥局就开始对下游长江大桥的桥址进行勘查。可以说，南京长江大桥的设计工作是与武汉建桥工作交叉进行的。

在江苏省档案馆，存有一份题为《南京长江大桥初步设计请批准》的档案，这份盖有"绝密"印章的文件显示，当年最初供选择的地址有 4 个在芜湖，只有 1 个在南京。不过，南京从中胜出，显然并不只是因为南京有近 113 万人口的优势。彭敏在回忆修建南京长江大桥的文章中写道："以往，南来北往的火车在南京用轮渡过江，速度慢、效率低。上海市发电用煤量大，而煤的储备有限，仅够用两周。工业发达的大上海，一旦缺煤少电怎么行？因此，中央决定要尽早、尽快建成南京长江大桥。"

1958 年，中共江苏省委申请修建南京长江大桥的报告中也提到当时轮渡压力之大："轮渡口积压待运的物资常在 10 万吨左右，上海市和其他各省过境物资及本省需渡江南运的物资，到 1962 年将超过现有通过能力的 11 倍强。"[①] 可见，轮渡的渡运能力已趋饱和，"天堑"长江已成为困扰京沪铁路运输的严重瓶颈。为此，修建南京长江大桥已成为当务之急。在第一个五年计划即将完成之际，党和政府作出了修建南京长江大桥的重大决策。1958 年 9 月，国务院批准成立南京长江大桥建设委员会。1960 年 1 月 18 号，随着主体工程正桥桥墩的开工，南京长江大桥建设全面启动。60 年代初，中国面临国内国际种种困难，然而中国政府在此时向世界宣告：要在长江

---

① 刘昆主编：《报章里的中国记忆》，广西师范大学出版社 2019 年版，第 93 页。

南京段，凭自己的力量跨越天堑。从 1958 年 9 月到 1968 年
12 月两路桥建成通车，南京长江大桥的十载建造历程充满了
艰辛与坎坷，大桥的建设不仅面对着复杂的自然地理条件，而
且还经历了三年经济困难、中苏关系破裂和"文化大革命"等
特殊的历史时期，这些都给大桥建设增加了困难。艰难困苦，
玉汝于成。经过全国人民的艰苦努力，南京长江大桥顺利建成
通车，实现了中国人民自行建桥跨越长江天堑的千年梦想。

　　1960 年 1 月，南京长江大桥动工，正当人们撸起袖子下
决心要建好这座关系国计民生的桥梁时，国家遭遇经济困难，
大桥建设资金削减，面临"下马"困境。周恩来总理发现后表
示："我们是有这么多江河的大国，好容易建立起来的建桥专
业化队伍，再困难也不能再精简了。"同时，我国与苏联关系
也濒临破裂，苏联不仅撕毁合同、撤走专家、中断支持，还一
度扬言"没有苏联的帮助，中国人肯定建不成"。"自力更生、
奋发图强"逐渐成为各项建设的指导思想。在内外交困的背景
下，党中央明确指出，下定决心、克服困难，一定要把南京长
江大桥建造起来，有苏联专家在，我们要干，苏联专家走了，
我们还要干。苏联中断了钢材供货，这对大桥建造来说无异于
釜底抽薪，党和政府决心背水一战自行研制钢材。

　　钢梁是桥梁的骨架，关系桥梁质量的百年大计，其对钢材
的力学性能和化学成分要求非常严格。1960 年，我国向苏联

订购了 1.399 万吨钢材，这批订货于 1961 年 4 月进行验收时，质量严重不过关，即使经过修缮仍无法使用。为了确保大桥质量，这批货只好报废。我方与苏联进行交涉时，苏联提出必须放弃钢材可焊要求，或者将长板改为"杂尺料"交货。前者对大桥养护不利，后者会使南京大桥打满补丁，我方断然拒绝。最后，国务院作出决定，南京长江大桥钢梁所用钢材不再进口，由"共和国钢铁工业的长子"——鞍山钢铁厂试制。鞍山钢铁厂把冶炼南京长江大桥用的特种钢材，作为为国争光的神圣任务。为了研制出适用于南京长江大桥的钢材，当时的鞍山钢铁厂成立了科研小组，根据中国铁矿石的特点，决定在原有钢产品的基础上，炼制 16 锰低合金桥梁钢。工人和技术人员在一无经验、二无技术资料的情况下，日夜研究试验，闯过了重重难关，最终成功炼出 16 锰钢。从 1963 年开始，鞍山钢铁厂为南京长江大桥提供了 1.4 万吨 16 锰钢材。16 锰钢也因此被称作"争气钢"，至今仍被广泛应用于桥梁船舶。

南京长江大桥在建设过程中，无数难题横亘在前，施工技术难度之大、自然条件之复杂，在当时均堪称"世界之最"。加之国际国内环境影响，可谓困难重重、艰苦卓绝。除了具有独立自主探索意义的"争气钢"外，大桥建造过程中还遇到了很多难题，大桥建造者们都一一将其克服。如面临水下基础工程难题时，确定采用自浮式钢筋混凝土沉井技术。南京江面宽阔，水底岩层极其复杂，世界各地都难以找到可以借鉴的经验。大桥建设者们不畏艰险，凭借着自身的智慧与努力反复研究攻关，创造性地采用了重型混凝土沉井、钢板桩围堰管柱、钢沉井加管柱、浮式钢筋混凝土沉井 4 种方案。在大桥纪念馆展陈中有一套潜水设备和衣物最为引人注目，沧桑的物件浸透着时间的印记和建设过程的艰辛。江心桥墩位置水流湍急、深近百米，探查与施工必须进行深潜水作业，而当时采用的水下减压法效率极低，极大影响了建设进度。以龚锦涵为代表的研究团队用一种全新的减压技术，不仅攻克了潜水速度难关，还创造了深潜极限，达到当时世界先进水平。

除此之外，此次建设还攻克了深潜水技术。潜水工是大桥建设中的一个特殊工种，在水下高压情况下进行作业有很多特殊要求。在建设正桥 6 号桥墩时，桥墩沉井底部清岩工程的潜水作业遭遇困难，潜水深度需要达到 66 米，而 60 米是当时国际上公认的潜水极限，超过这个深度可能会对潜水员的生命造成威胁。上海海军医学研究所的技术人员经过周密测算，提出了包括 7 个深度、24 个潜水作业时间的"44—66 米吸氧水面潜水减压法"等潜水方案。以胡宝玲为代表的潜水员突破设备极限和下潜极限进行深潜作业，与海军部队潜水员一同进行了循序渐进的加压锻炼和水面减压训练，以及携带氦氧气深潜等多项试验并获得成功。试验过程中，有 96 人次深潜水达到

69—71米，最深下潜77.13米，未出现一例减压病症和潜水事故，谱写了世界桥梁史上的深潜神话。3号墩最深的钻孔达82米，潜水员采用氦氧混合气体，下潜82米进行基底检查，创造了建桥史上深潜最高纪录。"吸氧水面减压表"等各种潜水方案，于1987年获得全国科学大会奖。

大桥建设者们不仅坚持发展创新，而且始终保持着对建桥质量精益求精的追求。南京长江大桥钢梁的钢板最厚处多达9层，总厚度达到180毫米，在没有条件大规模使用高强螺栓的年代，铆钉是连接钢梁的主要方式，铆合得好坏直接影响到钢梁架设的质量高低。这项工程在当时得以保质保量完成，主要得益于被称为"铆钉专家"的总工程师陈昌言。2016年10月，在大桥升级维修中，人们惊奇地发现，时隔近半个世纪，大桥桥身上155万颗铆钉绝大部分竟然完好无损，需要更换的只有6 000多颗，算下来每1 000颗中只有4颗需要更换，这绝对是对大桥建设中追求精益求精的最好展现。

南京长江大桥建造过程中遇到了不少困难和险情，最危险的一次是在1964年秋季。由于长江汛期特长，水流湍急，受雨水影响，当时4号墩和5号墩沉井的边锚相继崩断，而一旦主锚崩断，近万吨重的沉井和船组就会倾沉江中，大桥就有全部被毁的可能。关键时刻，党中央急调海军将抢险物资直送工地；江苏省、南京市急拨两艘700匹马力（1马力等于0.746千瓦）

的拖轮夹住 5 号墩沉井向上游顶推……全体建桥职工夜以继日，
献计献策增设"防线"。最终，数千名建设者经过 40 天的日夜
奋战终于战胜了险情。

　　南京长江大桥是我国自行设计、自行施工和采用国产材
料建造的第一座特大型铁路、公路双层两用桥梁。它酝酿于新
中国成立初期，始建于经济困难的 20 世纪 60 年代初，落成于
1968 年。在中国共产党领导下，在建设过程中中国工人阶级
坚持"自力更生，艰苦奋斗"的方针，克服了种种困难，顺利
地完成了施工任务，开创了中国人民依靠自己的力量建设大型
桥梁的新纪元。20 世纪 70 年代，周恩来总理曾自豪地告诉来
访的国际友人："新中国有两大奇迹，一个是南京长江大桥，
一个是林县红旗渠。"1968 年 12 月底，南京长江大桥全面建
成通车，中国人用自己的智慧、汗水甚至生命建起这座"争气
桥"，打破了"在南京造桥不可能"的神话，实现了天堑变通
途的千年梦想。"一桥飞架南北，天堑变通途"，当时的《人
民日报》《新华日报》《新安徽报》《宁夏日报》等纷纷在头
版显要位置，报道了这一大事件。1985 年，南京长江大桥新
技术获得首届国家科技进步奖特等奖。

　　作为 20 世纪 60 年代中国经济建设的重要成就之一，南京
长江大桥虽然比武汉长江大桥建成时间稍晚，但意义更重大。
南京长江大桥因其独特的政治、经济、军事和科技价值被载入

史册，它不仅是新中国社会主义建设的伟大成就，更承载着中国人自力更生、艰苦奋斗的民族精神，这份宝贵的精神财富已经成为中国人心中的一座丰碑，已经成为民族精神和时代记忆的载体。如今的长江南京段，桥梁、隧道、地铁等多种交通方式连接南北，滚滚长江不再是天堑。但历经半个世纪风雨的南京长江大桥格外不同，它像是座巍然屹立的灯塔，昭示着一种记忆，一种精神，"人民，只有人民，才是创造世界历史的动力"①。回顾这座"天堑飞虹"艰苦卓绝的建造历程，依然能从这一时代奇迹中感受到满满的正能量，激励我们不忘初心、牢记使命，继续奋进新征程、建功新时代、创造新业绩。

参考文献

刘亚男：《大力弘扬南京长江大桥精神》，《中国社会科学报》，2021 年 1 月 22 日。

陈向阳：《彪炳史册的丰碑——南京长江大桥精神的凝炼与传承》，《档案与建设》，2021 年第 8 期。

吴水金、史平：《南京长江大桥建设纪实》，《世纪风采》，2018 年第 8 期。

乔金亮、齐慧：《长江上有座争气桥》，《经济日报》，2019 年 9 月 17 日。

---

① 《毛泽东选集》第三卷，人民出版社 1991 年版，第 1031 页。

第三章

解放思想　守正创新

先声

几页改变中国命运的手稿

名称 I 《实践是检验真理的唯一标准》小样改样

年份 I 1978 年

收藏单位 I 光明日报社

文物等级 I 未定级

在光明日报社的社史展厅内，珍藏着于 1978 年 5 月 11 日《光明日报》头版《实践是检验真理的唯一标准》一文发表前的 7 张报纸改样。泛黄的报纸上，清晰地显示着多处被红笔改过的痕迹，诉说着 40 多年前的那场"风起云涌"。这篇仅仅 6 000 多字的评论员文章，被誉为"春风第一枝"，拉开了中国思想解放和改革开放的序幕。

改革开放 40 多年来，中华民族迎来了从站起来到富起来，再到强起来的伟大飞跃。中国共产党和中国人民以英勇顽强的奋斗向世界庄严宣告，改革开放是决定当代中国前途命运的关键一招！2018 年 12 月 18 日，庆祝改革开放 40 周年大会在北京隆重举行，100 名同志因为对我国的改革开放事业作出杰出贡献而荣获"改革先锋"称号，并获改革先锋奖章。他们是改革开放的开拓者、实践者，他们的故事，正是 40 年改革开放的历史缩影。这其中就有见证并改变中国历史的老人胡福明，他被评为"真理标准大讨论的代表人物"。

回溯到 40 多年前，1978 年，胡福明作为主要起草人，撰写了《实践是检验真理的唯一标准》一文，并以特约评论员的名义将文章刊发在《光明日报》上。这篇文章在中国理论界炸响了一声"春雷",在邓小平的主持下,全国掀起了一场关于真理标准问题的大讨论,此次讨论成为党实现历史性转折的思想先导,影响和推动了中国改革的进程。

2023 年 1 月 2 日,胡福明老人在南京病逝,享年 87 岁。1978 年 5 月 11 日,《实践是检验真理的唯一标准》在《光明日报》上发表时,胡福明正值壮年,还是一名普通的南京大学哲学系教师。

1976 年 10 月,"四人帮"倒台后,党中央坚决果断采取措施,部署开展揭发批判"四人帮"的运动,清理"四人帮"帮派体系,纠正冤假错案,调整和配备党政军各级领导班子,恢复党和国家正常秩序,人民群众期盼已久的安定的政治局面开始形成。在南京大学哲学系做教师的胡福明和同事们一起,也积极投身到批判"四人帮"的斗争运动中。他挑灯走笔,连续发表了《必须坚持马克思主义的学风》(与陆夕书合作)、《为建设社会主义现代化努力奋斗》、《"四人帮"批判唯生产力论就是反对历史唯物观》等文章。

然而,要想短期内消除十年"文化大革命"在政治上、思想上造成的严重混乱,并非一件容易的事情。党内外政治和思想混乱的发生,主要是由于林彪、江青两个"反革命集团"的兴风作浪,但也与党内长期存在的"左"的错误有关。不彻底纠正党内长期存在的各种"左"的错误，社会主义现代化事业就无法深入推进。然而，1977年2月7日，《人民日报》《解放军报》及《红旗》杂志联合发表了一篇社论《学好文件抓好纲》。在这篇社论里提出了"两个凡是"的论调，即"凡是毛主席作出的决策，我们都坚决维护；凡是毛主席的指示，我们都始终不渝地遵循"。

"两个凡是"对毛泽东生前的思想、理论和决策拒绝作任何分析，违背了马克思主义基本原理和党的实事求是的思想路线，为新形势下坚持真理、修正错误设置了障碍，党和国家工作出现了在徘徊中前进的局面。①

与许多在"文革"中经受磨难的人一样，胡福明认为"四人帮"垮台了，束缚这个国家发展的一系列枷锁自然会被打破，但在"两个凡是"出来后，拨乱反正工作又遭遇阻碍。"如果承认了它，那就意味着中国停滞不前、寸步难行，我开始认识到，阻挠国家发展的根本问题就在这里。"胡福明说，"我想了很久，决定批判它，古话说天下兴亡，匹夫有责，我作为一个知识分子，只有笔和嘴巴两件武器，所以我决定拿起笔来。但我没跟同志们商量，决定一个人写，文责自负，一人做事一人当。"正是出于知识分子的强烈使命感和理论工作者的强烈责任感，

① 沈宝祥：《真理标准问题讨论与历史伟大转折——忆二十年前的一场大讨论》，《桂海论丛》，1998年第3期。

胡福明暗下决心，要针对"两个凡是"写一篇文章。然而，在
当时的政治环境下，不能直接批判"两个凡是"，与其针锋相对。
经过反复思考，胡福明终于琢磨出了办法：把林彪的"天才论""顶
峰论"和"句句是真理，一句顶万句"作为"两个凡是"的替
身来批判，因为它们本质上都是唯心主义的先验论。

经过一段时间的分析与研究，胡福明从马克思主义理论
中找到"实践是检验真理的标准"这一基本观点。他认为，
提出真理的实践标准，既能切中要害，又可以帮助干部群众
正确认识"文化大革命"，推动平反冤假错案、拨乱反正。
1977 年 7 月上旬，文章的主题、观点、布局基本确定。这时，
胡福明的妻子张丽华检查出身体有肿瘤，需要在江苏省人民
医院接受手术治疗。为了照顾妻子，他只能上午到学校讲课，
下午到医院进行陪护，晚上在医院走廊过夜。于是，他就把《马
克思恩格斯选集》《列宁选集》和《毛泽东选集》陆续拿到医院，
每当夜深人静时，他就借着走廊的灯光看书，对马克思、列宁、
毛泽东等有关实践真理标准的内容边阅读、边摘录、边研究。
当妻子出院时，文章的提纲已写好。胡福明用了大约一周的
时间写成初稿。这年 9 月，经历 3 次修改后，《实践是检验
真理的标准》这篇鼎世之作在胡福明的笔下问世了。①

---

① 余玮：《真理标准问题大讨论的"始作俑者"》，《党史文苑》，2004
年第 11 期。

胡福明将这篇 8 000 字左右题为《实践是检验真理的标准》的文章，寄给了《光明日报》编辑。1978 年 4 月上旬，《光明日报》原拟在《哲学》专刊第 77 期发表该文章，而新到任的总编辑杨西光仔细看完这篇文章的大样后，觉得文章提出的问题很重要，且如果针对当时理论和实践关系问题上的一些混乱思想作更充分的论证，将文章放在第一版影响更大。于是，他决定先把该文从《哲学》专刊上撤下来，作进一步修改后，再在报纸显要位置发表。4 月 10 日左右，杨西光得知中共中央党校理论研究室的孙长江也在写相同主题的文章，恰好这时胡福明来北京参加一个会议。4 月 13 日晚，杨西光便约请孙长江、胡福明、马沛文和责任编辑王强华到他的办公室，讨论修改意见。14 日、15 日，根据杨西光的意见，胡福明对文章作了一次修改，就回南京去了。之后，马沛文、王强华又在这个修改稿上作修改，在 20 日的改样上，鲜明地提出了"实践是检验真理的唯一标准"的观点。这个改样送给了孙长江，请他再修改。与此同时，杨西光、马沛文、王强华一起，又对文章修改了一次，并将标题改为"实践是检验真理的唯一标准"，这个改样也送给了孙长江。孙长江以 4 月 20 日的稿子为基础，又改出了一稿，经吴江修改，于 4 月 27 日定稿，送胡耀邦审阅，同时，送一份给杨西光，寄一份给胡福明。杨西光与吴江商定，为使该文能顺利发表，又扩大影响，先在中央党校 5 月 10 日的《理论动态》刊出，次日再由《光明日报》以特约评论员名义发表。

这样，从 1977 年 9 月份寄出到 1978 年 5 月份刊发，几易其稿，从稳妥的《实践是检验真理的标准》变成观点鲜明的《实践是检验真理的唯一标准》，一个人的勇气变成了一群人的执着。

1978 年 5 月 10 日，《理论动态》第 60 期登出了《实践是检验真理的唯一标准》。篇末注明："《光明日报》社供稿，作者胡福明同志，本刊作了些修改。"5 月 11 日，《光明日报》以特约评论员文章的形式发表《实践是检验真理的唯一标准》后，新华社当天即全文转发。5 月 12 日，《人民日报》《解放军报》和上海、江苏、福建、河南 4 家省（市）报转载。接着，各地方报纸相继转载，拉开了一场全国性的真理标准讨论的序幕。

正式发表的《实践是检验真理的唯一标准》一文明确指出：检验真理的标准只能是社会实践，理论与实践的统一是马克思主义的一个最基本的原则，任何理论都要不断接受实践的检验。文章认为，"马克思主义的理论宝库并不是一堆僵死不变的教条"，不能"躺在马列主义毛泽东思想的现成条文上"，更不能"拿现成的公式去限制、宰割、裁剪无限丰富"的"革命实践"。文章还强调，坚持实践是检验真理的唯一标准，就是坚持马克思主义，坚持辩证唯物主义。坚持实践是检验真理的唯一标准，就是坚持马克思主义，坚持辩证唯物主义。很显然，该文的针对性极强，它从根本上对"两个凡是"进行了否定。但当时坚持"两个凡是"的人却指责文章犯了方向性的错误，竭力压制这篇文章和关于真理标准问题的大讨论。

就在真理标准问题的讨论面临夭折之际，刚刚复出的邓小平以一个伟大政治家的气魄，敏锐地抓住了这一历史契机。6月2日，邓小平在全军政治工作会议上发表重要讲话，严厉批评了个人崇拜、教条主义和唯心论，号召"打破精神枷锁，使我们的思想来一个大解放"①。次日，《人民日报》以《邓副主席精辟阐述毛主席实事求是光辉思想》为题，详细介绍了邓小平的讲话，还加了几行按语，鲜明地表达了报社的立场。邓小平这次在全军政治工作大会上的讲话，被列为"中发〔1978〕38号"文件的主要内容之一于6月29日发出，对真理标准讨论和实际工作起到了巨大的促进作用。随着讨论的深入，越来越多的党员干部认识到这一问题的重要性，终于打破了个人崇拜和"两个凡是"的精神枷锁。"要科学，不要迷信；要解放思想，不要'两个凡是'；要拨乱反正，不要'文革'的错误路线"，成为全党和全国人民的普遍共识和强烈要求。

真理标准问题，不单单是个哲学问题，而且是个思想政治

---

① 《邓小平文选》第2卷，人民出版社1994年版，第119页。

问题。这个问题的讨论，关系到我们的思想路线、政治路线，也关系到我们党和国家的前途。《实践是检验真理的唯一标准》以一文之力，引发了一场席卷神州大地并对中国历史产生重大影响的关于真理标准问题的大讨论。这场大讨论，是一次彻底的思想解放运动，对于重新确立起我们党的马克思主义思想路线具有重大历史意义，深刻影响了当代中国历史的发展进程。邓小平在1978年12月13日中央工作会议上所作的《解放思想，实事求是，团结一致向前看》的讲话中，高度评价了这场讨论的伟大意义。12月22日通过的十一届三中全会公报说："会议高度评价了关于实践是检验真理的唯一标准问题的讨论，认为这对于全党同志和全国人民解放思想，端正思想路线，具有深远的历史意义。一个党，一个国家，一个民族，如果一切从本本出发，思想僵化，那它就不能前进，它的生机就停止了，就要亡党亡国。"[①]

《实践是检验真理的唯一标准》发表距今已有40多年，但真理的光辉没有随着时光的流逝而有丝毫的黯淡。实事求是的思想路线，是马克思主义的根本观点，是中国共产党人认识世界、改造世界的根本要求，是我们党的基本思想方法、工作

---

①《十一届三中全会以来重要文献选读（上册）》，人民出版社1987年版，第12页。

方法、领导方法。在中国特色社会主义新时代，中国共产党人仍要坚持马克思主义与时俱进的理论品格，坚持党的实事求是的思想路线，在以习近平同志为核心的党中央领导下，带领全国各族人民努力奋斗、锐意进取，以实现人民幸福、民族复兴的宏伟目标。

参考文献

郑晋鸣、许应田：《胡福明：做永不停歇的思索者》，《光明日报》，2019 年 9 月 24 日。

郑晋鸣、许应田：《胡福明：做一个有情怀有担当的知识分子》，《光明日报》，2020 年 1 月 27 日。

程中原、王玉祥、李正华：《转折年代——1976—1981 年的中国》，中央文献出版社 2008 年版。

《中国共产党简史》编写组编：《中国共产党简史》，人民出版社、中共党史出版社 2021 年版。

改革

"江苏农村改革第一村"
石碑背后的故事

名称｜"江苏农村改革第一村"上塘石碑

年份｜1978 年

收藏单位｜"春到上塘"纪念馆

文物等级｜未定级

泗洪县上塘镇垫湖村村口，矗立着一块"江苏农村改革第一村"的石碑。这里是曾因贫穷而绝望，却依靠奋斗和开拓，闯出农村改革新局面，成为全省最早以"公社"为单位全面推行联产承包责任制的地方。"江苏农村改革第一村"——短短9个字，见证了40多年前那一段惊心动魄的江苏农村改革史。

"说上塘，道上塘，十家九户都缺粮；茅草屋，漏风墙，扯把稻草就当床……"这首民谣，曾经是江苏泗洪上塘人的真实生活写照。40多年前，泗洪县是江苏省最穷的县之一，这里地形崎岖，环境恶劣，使得上塘人吃粮穿衣经常要靠救济。从1969年到1978年的十年间，国家给上塘公社的财政经费支持款，包括农田水利经费、抗旱经费、支贫款、救济款在内，共达138万元，国家供应粮食1 000多万斤。可是上塘农民依然摆脱不了贫穷。到1978年，整个上塘公社224个生产队中，有211个生产队人均年收入在40元以下；全公社人均年分配只有21元，有28个生产队人均年分配不足11元，其中一个生产队的农民，辛辛苦苦干一天力气活只能挣到1分6厘的报酬，苦干3天农活甚至换不来一根油条。

　　1978 年，是泗洪少有的大旱之年，当时的上塘公社更是"人无粮、牛无草、地无收"。作为上塘最穷的生产队，垫湖大队第五生产队小麦单产只有 20 公斤，还不到往年的一半。同时，沿袭多年的"大呼隆"也已走到了尽头，"上工如拉纤，下工如火箭""出工不出力"的现象十分严重。面对如此困境，作为驻队干部的苏道永心急如焚，一心想给父老乡亲们找个"活路"。当年 10 月，苏道永在县里参加农经工作会议，会上提出集体农作物可以划分到作业组管理，以提高管理质量。他敏锐地觉得上面这个提法"是政策上的有所松动"。同时他还认为，农作物分到小组管理，还是在吃"大锅饭"；老吃"大锅饭"，迟早还是没饭吃！这也激发了他的"灵感"——要分，就干脆"分到户"。他到蹲点的五队（小苏庄所在的第五生产队），把自己的想法和队长、会计等人一说，大家一拍即合、一致同意，并研究出了"三五定额"的包干办法。即全队 173 口人，每人分 1.5 亩承包田，分别种植 5 分地山芋、5 分地花生、5 分地玉米，到收获时每人上交玉米 150 斤、山芋干 150 斤、花生 15 斤给集体统筹分配，也就是"上交国家的，留足集体的，剩下的，归自己"。经过连续几夜煤油灯下的长谈，上塘最穷的生产队垫湖五队率先实行"包产到户"，响起了江苏农村改革的第一声"春雷"！

　　推行"包产到户"后，整个第五生产队的劳动积极性得到空前提高，全队也在 1979 年迎来了大丰收。当年全队粮食总产 7.65 万公斤、经济收入 2.41 万元、人均纯收入 52.6 元，由 1978 年吃 1 万多公斤救济粮变为向国家出售粮食 1.2 万公斤。往昔"说上塘，道上墉，十家九户都缺粮；茅草屋，漏风墙，扯把稻草就当床"的历史一去不复返了。

"一花引来百花开"。在垫湖村先试先行的影响带动下，1979 年春耕时节，上塘公社谷墩大队第四生产队也实行了"大包干"，在大队会计陆刚的带领下，把所有土地分到人头，产量定额也包到人头。这个队当时有 136 口人，人均 3 亩地，1978 年人均口粮仅 138 公斤，每个劳动日值仅 1 角 6 分钱，真所谓"堂堂七尺男子汉，不如母鸡下个蛋"[①]。无独有偶，在立新大队，也有几个生产队在大队长李绍政的带领下，实行了联产承包责任制。改革的火苗在上塘越烧越旺，大有燎原之势。到了 1980 年，上塘公社已有 85% 的生产队实行单项作物联产到户，15% 左右的生产队搞起了全面包产到户。到 1981 年秋天，上塘公社全部实行联产承包责任制。这一年，全公社产粮 1 350 万公斤，向国家出售余粮 200 多万公斤，出售花生 450 万公斤，一举甩掉了多年吃国家"救济粮"的帽子。

春雷刚响，乌云急至。"包产到户"与当时政策并不相符，

---

① 莫云：《春到上塘的风雨历程——原泗洪县上塘公社农村经济体制改革纪实》，《江苏地方志》，2008 年第 5 期。

省、地、县三级领导机关向上塘派出"调查组""工作组"，层层施压。面对调查、"纠偏"的干部，已经尝到"包产到户"甜头的农民们，拿出丰收的成果来作答。他们说："俺们坐在粮囤上，只求你们说句话啊！"

"事实"为农民说了话！1980 年 5 月 31 日，邓小平同志在与中央有关负责人作题为《关于农村政策问题》的谈话中，对包产到户、大包干责任制作了肯定。邓小平明确指出："安徽肥西县绝大多数生产队搞了包产到户，增产幅度很大，'凤阳花鼓'中唱的那个凤阳县，绝大多数生产队搞了大包干，也是一年翻身，改变面貌。有的同志担心，这样搞会不会影响集体经济。我看这种担心是不必要的。"[①]1980 年 9 月 27 日，中共中央发布第 75 号文件《关于进一步加强和完善农业生产责任制的几个问题》，文件指出："在那些边远山区和贫困落后的地区，长期'吃粮靠返销，生产靠贷款，生活靠救济'的生产队，群众对集体丧失信心，因而要求包产到户的，应当支持群众的要求，可以包产到户，也可以包干到户，并在一个较长的时间内保持稳定。"这一文件坚定地回应了 3.6 万上塘农民心底朴实而深沉的呼声。[②]

①《邓小平文选》第二卷，人民出版社 1994 年版，第 315 页。
② 綦军：《家庭联产承包责任制在农村的推行——改革开放历程回顾之三》，《紫光阁》，2008 年第 3 期。

1981 年 2 月初，人民日报记者王孔诚、周昭先来到上塘采访，在当年 3 月 4 日的《人民日报》上刊发通讯《春到上塘》，反映包产到户给上塘带来的喜人变化，赞扬了垫湖村农民的做法，让垫湖村敢为天下先的改革精神响彻全国，成为中国农村改革的一面旗帜！通讯发表几天后，参观访问者络绎不绝，昔日的"黑样板"一夜之间变成了"好典型"。

1982 年 1 月 1 日，中共中央批转中央 1 号文件《全国农村工作会议纪要》，第一次给"包产到户""包干到户"正名，明确指出它们都是社会主义集体经济的生产责任制，明确肯定它们既姓"社"又姓"公"。1983 年 1 月，中央再发 1 号文件《当前农村经济政策的若干问题》，肯定联产承包责任制是"在党的领导下我国农民的伟大创造"。改革的春风就此吹遍神州大地，"包产到户"也在江苏全省推广。

40 多年前，垫湖村发扬敢为人先的改革创新精神，拉开江苏农村改革的大幕，成为江苏农村改革第一村。改革创新精神就此植根于垫湖人心中，不断激发着全村上下奋勇向前、创造美好生活。2009 年，垫湖村在全县率先推行土地集中流转、人口集中居住、工业项目集中建设。短短几年，全村 1.3 万亩耕地全部完成流转，建成千亩优质稻米基地，培育出"上塘贡米"品牌，亩均年增收 400 多元。13 个自然村的 1 460 户农户告别茅草房，住进了宽敞明亮的楼房。2014 年，垫湖开始向高效农业进军。村里建起 20 亩的碧根果育苗基地，6 年之后，这个小小的育苗基地扩大到 1 300 亩，带动 10 个村级土地股份合作社、28 户低收入农户参与入股，亩均年收益达 1.5 万元。如今的垫湖村已经成为宜工、宜商、宜农的江苏省康居示范村、江苏省新农村建设示范村，在苏北率先获得"江苏人居环境范例奖"。未来，垫湖村必将继续发扬敢为人先的改革精神，有机结合工业、农业和旅游业，在乡村振兴的道路上阔步前行，不断用行动续写"春到上塘"的新篇章！

参考文献

张惠春：《回眸"江苏农村改革第一村"的风雨历程》，《钟山风雨》，2019 年第 1 期。

徐明泽：《"江苏农村改革第一村"成康居示范村》，《新华日报》，2020 年 9 月 23 日。

昆山之路——文件背后的改革典范

中华人民共和国国务院

国函〔1992〕104 号

国务院关于设立昆山
经济技术开发区的批复

江苏省人民政府：

你省《关于要求将昆山经济技术开发区列入国家开发区序列的请示》（苏政发〔1992〕58 号）收悉。现批复如下：

国务院同意设立昆山经济技术开发区，实行沿海开放城市经济技术开发区关于生产性外商投资企业所得税减按 15% 的税率征收的政策，但不得援例沿海开放城市经济技术开发区的其他政策。

昆山经济技术开发区规划面积为十平方公里，首期开发面积为五平方公里。具体范围由国务院特区办公室会同

名称｜《国务院关于设立昆山经济技术开发区的批复》

年份｜1992 年

收藏单位｜昆山市档案馆

文物等级｜未定级

上图这份《国务院关于设立昆山经济技术开发区的批复》文件，见证了当年的"苏州小六子"经过不懈奋斗，开创县市级自费开发区，进入国家开发区序列的先进事迹。有关这个先进事迹，还得从"苏州小六子"这一称谓说起。

"苏州小六子"这一称谓从何而来？难道只是因为当时的昆山县占地面积偏小、在苏州排行第六吗？乍一听来，这个名字或许十分可爱，然而事实上，它却是当时人们对该地的一种戏称。20 世纪 80 年代，乘着改革开放的春风，乡镇企业如雨后春笋般在苏南大地崭露头角并蓬勃发展，而昆山县的经济发展却长期停滞不前。彼时的昆山，贫困程度在苏州六县中位列榜首，因此获得"小六子"这一称号。

1984 年至 1988 年，国务院批准在沿海 12 个城市设立 14 个国家级开发区，而此时的农业县昆山，自然不在此列。在没有工业基础、没有政策鼓励、没有国家投资扶助的情况下，昆山人决定不再等下去，准备自办开发区！在外界不解的目光中，1984 年底，昆山领导层作出一个"石破天惊"的举动——通过自筹、贷款、征收土地开发费等途径，筹集了 1 200 多万元，于老城东侧一块 3.75 平方千米的农田上开辟了一个工业新区，"昆山之路"由此迈出第一步。

随后，昆山人在这片土地上展开了蹄疾步稳的建设，无数项目于此发芽。随着许多企业的陆续入驻，昆山的视野愈发开阔、发展态势也愈发势不可挡。然而，昆山人并未就此停下脚步，而是继续探索道路，将加工贸易工作瞄准到当时国际最先进的"三机"产业（计算机、手机、数码相机）上，同时积极争取政策支持，推动出口加工区的创办。这一开创先河的实践探索，引来全球龙头企业纷纷抢滩，昆山从此一骑绝尘。

1987 年，开发区内有 13 家企业投产，总产值约 2.78 亿元，仅仅用了 3 年时间，开发区内企业上缴税金额就已等同于昆山县在开发区的投资额；1988 年，这片工业新区正式更名为"昆山经济技术开发区"，占地面积也扩大至 6.18 平方千米；1991 年 1 月，该地被江苏省人民政府列为省重点开发区；1992 年 8 月，经国务院批准，"昆山经济技术开发区"成为"国家级经济技术开发区"，开创了县市级自费开发区进入国家序列的先河；1994 年，昆山首次提出建设"出口加工区"，并于 2000 年 4 月获得批准；2005 年，昆山一举成为全国百强县之首；2008 年 10 月 7 日，昆山成为《人民日报》发布的《对全国十八个典型地区的调研综合报告》中的典型地区之一；2013 年，国务院正式批复，同意设立昆山"深化两岸产业合作试验区"；2017 年，"昆山之路"跨出国门，昆山开发区向埃塞俄比亚国家工业园——阿瓦萨工业园输送项目及技术。

在短短十几年里，技术从零起步，资金方面以引进为主，项目方面以工业为主，产品方面以出口为主，以自费开发区为平台、以对外开放为主线，曾经的"苏州小六子"不仅蜕变成全国百强县第一，还连续 18 年位居赛迪顾问县域经济研究中心发布的"中国县域经济百强榜"之首。以全国不到 1 ‰的土地，聚集 5‰的外资、创造 2% 的进出口，这就是了不起的昆山之路！1988 年 7 月 22 日，《人民日报》在头版大篇幅刊发《"昆山之路"三评》文章，将昆山自费建设开发区的经验称为"昆山之路"。文章写道："不等中央来定什么'名分'，不要国家给什么投资，就'自费开发'，因陋就简，建成一片被誉为'投资者的乐园'的经济技术开发区，昆山在发展外向型经济中走出的这条新路，给人以颇多启示。""尽管中央确定的沿海开发区没有它，尽管国家投资的计划表上找不到它的份额，3 年之后，昆山经济技术开发区却初具规模，奇迹般地出现在人们面前。"这篇评论员文章，不仅鼓舞了昆山的创新力量，也让"昆山之路"闻名全国。

改革开放以来，昆山人凭着这样敢为人先的魄力，闯出许多第一。在这里，诞生了全国第一个封关运作的出口加工区、第一个县级市留学人员创业园、第一张一般纳税人资格试点增值税发票……回忆起昆山之路的起步，时任昆山县县长、如今已年过八旬的吴克铨深有感慨，他说："当时我们做归做，不宣传。当时也考虑到可能会'出事'。"事后很多人也曾问他，当年为什么"敢做"？他回答说，党中央说"发展是硬道理"，要"解放思想、实事求是",这成为他信念的支撑、力量的源泉。

习近平总书记强调:"只有敢于走别人没走过的路,才能收获别样的风景。"2018 年,新华社江苏分社副总编凌军辉在深入昆山采访过程中发现,全国各地不乏到昆山取经者,但能"复制"昆山成功经验者却少之又少。究其原因,他指出,昆山的成功经验不是来自几十年的奋斗,亦非多个建设发展的成果,"'昆山之路'不是一条路,而是昆山干部群众'艰苦创业、勇于创新、争先创优'的昆山精神"。昆山之所以能够在实践中不断突破自我、成为中国县区经济增长榜样中的榜样,靠的正是这样的精神。

被誉为苏州经济社会发展"三大法宝"之一的"昆山之路",以"艰苦创业、勇于创新、争先创优"的精神实质鼓舞着一代又一代的昆山人。工业新区建设之初,昆山没名分、没资金、没政策优惠,但正是依靠这种精神,这个县级自费开发区才能克服多重困难,在开发方针上"富规划,穷开发",在开发步骤上"滚动发展,逐步延伸",在实践中不断突破自我,最终成为中国县区经济增长典型中的典型。2018 年,这个开发区在中国国家级开发区综合实力评比中位列第四,世界 500 强中有 20 多家在此兴办项目、蓬勃发展。昆山的发展历程已被世界银行列入经典案例,并被汇编成册介绍给发展中国家,"昆山之路"的影响远远已超出了昆山,震撼世人。

　　"昆山之路"没有终点。在新的时代背景下，"昆山之路"的精神内涵也在不断丰富发展，从"唯实、扬长、奋斗"到"艰苦创业、勇于创新、争先创优"再到"敢于争第一、勇于创唯一"，不同阶段的昆山精神，是传承，是发展，更是升华。在丰富精神内涵的指引下，这条堪称经济发展特色样板的思想解放、创新发展之路，不断推动昆山地区的综合发展，不断给县域经济高质量发展带来启示。"昆山之路"，正越走越宽；"昆山之路"，永远在"路"上！

参考文献

　　《"昆山之路"三评》，《人民日报》，1988 年 7 月 22 日。

　　张雷：《"昆山之路"越走越宽》，《求是》，2002 年第 19 期。

　　《苏州通史》编纂委员会编：《苏州通史 9：中华人民共和国卷（1978—2000）》，苏州大学出版社 2019 年版。

　　昆山市老区开发促进会编：《昆山市革命老区发展史》，江苏人民出版社 2019 年版。

　　李群：《昆山之路为何震撼人心》，《群众》，2019 年第 2 期。

坚守

雕塑背后音符唱出的"真实故事"

名称 | 环保烈士徐秀娟雕塑

年份 | 2017 年

收藏单位 | 徐秀娟烈士纪念园

文物等级 | 未定级

在江苏盐城徐秀娟烈士纪念园里，矗立着一座白色的汉白玉雕塑：一位短发少女，环抱着一只丹顶鹤，她的身后是由一组音符和"一个真实的故事"几个大字组成的背景墙。园中也在循环播放着《一个真实的故事》这首歌曲，诉说着 30 多年前那个美丽而忧伤的故事。

有一个女孩，她从小爱养丹顶鹤。在她大学毕业以后，她仍回到她养鹤的地方。可是有一天，她为救那只受伤的丹顶鹤，滑进了沼泽地，就再也没有上来……

歌曲《一个真实的故事》确实源自一个真实的故事：

出身于驯鹤世家的徐秀娟，从小就和丹顶鹤一起长大，大学毕业后，她毅然决定从事丹顶鹤的保护工作……23 岁那年，她为了寻找一只走失的幼鹤，因疲劳过度，淹没在了沼泽里，失去了年轻的生命。

走过那片芦苇坡，你可曾听说，有一位女孩，她再

也没来过。只有片片白云为她落泪，只有阵阵风儿为她
诉说，还有一群丹顶鹤轻轻地轻轻地飞过……

从开场的独白到整个歌曲的娓娓道来，《一个真实的故事》深
情诉说着一位美丽的姑娘为救丹顶鹤而离世的凄婉故事，令无数
人感动不已。同样，也正是这首细腻凄美、家喻户晓的歌曲，让
许多人知道了为救鹤而牺牲的中国第一位环保烈士——徐秀娟。

徐秀娟，1964 年 10 月出生于扎龙自然保护区。扎龙自然
保护区，是中国北方同纬度地区中保留最完整、最原始、最开
阔的湿地生态系统，栖居着大自然"高傲的精灵"丹顶鹤。丹
顶鹤极其敏感，对人类又十分警惕，保护工作很难开展。但徐
秀娟的父亲徐铁林，却深得丹顶鹤喜爱。他是扎龙第一代养鹤
人，多次救养受伤的丹顶鹤。扎龙 2 100 平方千米湿地里的每
一处鹤巢，都曾留下过徐铁林艰难跋涉的脚步。受父亲影响，
徐秀娟从小就对丹顶鹤产生了感情，甚至比父亲还要浓厚。
17 岁时，高中停办，徐秀娟来到扎龙自然保护区和爸爸一起
饲养丹顶鹤，成了一位养鹤姑娘。从进鹤场的第三天起，徐秀
娟就能独立圈养小鹤，识别鹤的编号、记住每只鹤的出生年月。
19 岁时，她饲养幼鹤的成活率达到 100%，创造了奇迹。经过
她驯化的小鹤，能随她一起唱鸣，在她的带动下跳舞、飞翔。
每年由她精心呵护喂养的丹顶鹤都会从扎龙成群结队地飞往江

苏盐城越冬。虽是临时工，但徐秀娟一直勤勤恳恳，任劳任怨，很快就掌握了丹顶鹤、白枕鹤、蓑羽鹤的饲养、放牧、繁殖、孵化、育雏等技术，成为我国第一位养鹤姑娘，1983 年她还登上了《妇女之友》杂志的封面。

之后，在东北林业大学两名教授的推荐下，徐秀娟进入东北林业大学野生动物系进修。尽管学校考虑到她的实际困难，为她减免了一半学费，但是她仍然吃不起一天 6 角钱的伙食，只靠馒头、咸菜来维持每天 18 个小时的学习生活。第二学期，因交不出学费，生活又难以为继，她背着老师和同学，数次献血换来一些钱以维持学业和生活。后来，她又决定把两年的学业压缩在一年半内完成。经过艰苦的努力，她最后考试的 11 门功课中有 10 门功课成绩为"优"或在 85 分以上。这期间，她还自学了英语，她靠献血换钱的事，就是她去世后，人们在她用英语写下的几页日记里发现的。

1984 年，为了在越冬地繁育丹顶鹤，培育一个不迁徙的人工种群，江苏盐城自然保护区成立了。保护区成立之初，条件异常艰苦，万顷荒滩，人烟稀少，电和淡水很少，蛇和蚊子很多……1986 年 5 月，徐秀娟在东北林业大学进修刚结业，就接到盐城自然保护区的邀请，希望她能到射阳滩涂工作。盐城自然保护区和扎龙保护区遥相呼应，一南一北，是丹顶鹤的主要越冬地，如果能在这个地方建立一个不迁徙的丹顶鹤野外种群，那将是一个重大突破，或许还是一个世界级的科技课题。徐秀娟为了事业，说服祖母、父母和弟妹们，离开了她所熟悉的齐齐哈尔扎龙保护区，不远万里，只身南下，来到射阳。来之前，徐秀娟还带了3枚鹤蛋。没有先进的装备，只能靠一个人造革包、一个暖水袋、半斤脱脂棉、一个体温计，靠自己身体的温度把3枚鹤蛋从几千千米之外的内蒙古辗转三天三夜运到尚未通火车的丹顶鹤越冬地盐城。赶到保护区后，在徐秀娟的精心守护下，小雏鹤相继破壳而出。又经过83个日日夜夜的细心照料，小鹤展翅飞向蓝天。

当时，丹顶鹤人工孵化还属世界前沿课题，即使在亲鹤的羽翼下，温度稍有变化，小鹤也会胎死壳中。但徐秀娟带来的这3枚鹤卵却成功孵化，成为盐城保护区第一批人工繁殖的丹顶鹤。难以想象，徐秀娟究竟付出了多少心血和努力，才有了世界首次在越冬地人工孵化丹顶鹤的成功案例。更让人惊喜的是，小鹤们出生后格外强壮，比正常周期提前20多天就能够展翅飞翔。大家都说："这是爱生奇迹！"那3只小鹤分别被秀娟叫作龙龙、丹丹和莎莎。

刚刚建成的盐城保护区滩涂上没有电，多少个夜晚，徐秀娟挑灯苦读，钻研业务；没有水，她便和同事们一起，挑着水桶，到距离驯养场近2 000米的河闸上抬水回来使用；过节的时候，远离城市在滩涂留守值班的同志都或多或少有些失落，她主动为大家弹起了吉他，和姐妹们一起唱歌跳舞，成为人们的"开心果"。尽管在这艰苦的环境中工作，徐秀娟和同事们仍然坚持乐观、高度负责的态度和科学的精神，仅用了一年时间，就获得了巨大的成功，3 只幼鹤在徐秀娟的悉心照料下全部存活，育雏成功率达 100%。这对丹顶鹤越冬地来讲，实在是了不起、也是破天荒的创举，这正是对徐秀娟乐观向上、艰苦奋斗、敬业奉献、努力拼搏的最好回报。在徐秀娟及其同事的努力下，1986 年盐城沿海滩涂珍禽自然保护区建起了珍禽驯养场，成功取得了丹顶鹤、白枕鹤人工孵化和越冬期半散养的经验。

正当徐秀娟为自己热爱的事业奉献青春时，上天却没眷顾这位善良的女孩。由于保护区采用的是"半野化"的保护方式，这种保护方式虽适宜丹顶鹤的生长，但也伴生着难题，幼鹤玩"高兴"了，很容易"走失"。1987 年 9 月 15 日，徐秀娟在为两只丹顶鹤洗澡时，其中一只丹顶鹤突然飞走。她拖着带病的身子去寻找，直到深夜才将其找回。而在寻找过程中，另一只丹顶鹤也飞跑了。翌日，徐秀娟又去寻找，当听到丹顶鹤隔河在鸣叫时，她立刻跳下河就向对岸游去。到河心时，被疾病、疲惫缠身的徐秀娟，因为体力不支，被冰冷的河水吞没，献出了年仅 23 岁的生命。打捞那天，在场的人无不悲痛欲绝，数只丹顶鹤在天空哀鸣，不停地落下来，用长长的尖喙整理着她湿淋淋的衣服。徐秀娟虽然走了，但给我们留下了许多宝贵的

"财富"：她在丹顶鹤迁徙中最大的越冬地盐城创建了第一个鹤类驯养场，建立了系统的越冬地丹顶鹤人工驯养育雏技术规范及管理制度。更重要的是，她留下的爱岗敬业、艰苦奋斗、执着追求、无私奉献，以及人与自然和谐相处的精神，已经成了一个地区的品牌、一个系统的楷模、一个行业的典范。

1989 年民政部批准徐秀娟为"革命烈士"。在颁发的"革命烈士证明书"上，写着这样一行字："徐秀娟同志因抢救国家财产壮烈牺牲，经批准为革命烈士。"徐秀娟成为我国环境保护战线第一位因公殉职的烈士。为了纪念她，著名作曲家解承强将她的故事谱成了一首歌——《一个真实的故事》，并广为流传。

徐秀娟牺牲后，弟弟徐建峰接过姐姐的接力棒，回到扎龙保护区，像爸爸和姐姐一样，成了徐家的又一个守鹤人。2014年 4 月 18 日早上，徐建峰像以往一样蹚水约 2 000 米进入扎龙湿地腹地观察散养丹顶鹤的繁育情况，中午他发现了一只散养丹顶鹤的鹤雏和一枚鹤卵，为了确保鹤雏成活，徐建峰在湿地里工作了 1 天。第二天早上，徐建峰不放心鹤雏和鹤卵，又回到湿地进行看护，在确保散养丹顶鹤鹤雏和鹤卵安然无恙后返回保护区，由于连日疲劳，不料途中驾驶摩托车失控掉入路基下的水沟内，不幸殉职，献出了年仅 47 岁的宝贵生命。此时徐建峰的女儿徐卓已经考上大学，听说父亲出事后，徐卓随即转专业学习野生动物，成为继姑姑和父亲之后，徐家又一位从事丹顶鹤保护的工作者。从徐铁林到徐秀娟、徐建峰，再到孙子辈的徐卓，徐家三代人与丹顶鹤结缘，两人付出生命。这不仅仅是事业的延续，更是精神的传承。他们值得我们永远铭记与致敬！

　　如今，徐秀娟用青春守护的丹顶鹤自然保护区，已经于1992年晋升为国家级自然保护区。徐秀娟的事迹一直感染和激励着一代又一代的盐城人，守护、厚植和修复大自然馈赠的生态资源。截至2019年，盐城已建立各类湿地保护小区49个，受保护的自然湿地面积达26.1万多公顷，如建湖九龙口国家湿地公园，盐都大纵湖、阜宁金沙湖、东台永丰等省级湿地公园，条子泥市级湿地公园……2019年首次发布的《中国国际重要湿地生态状况白皮书》显示，通过实施生态保护和修复工程，江苏盐城等地的湿地生态状况明显好转。随着江苏省盐城市生态环境的持续向好，这里已经成为全球最大的丹顶鹤越冬地。徐秀娟用生命守护的丹顶鹤们，每年冬天可以在这里呼朋唤友、自由翱翔，最大的集群一度达到500只。2019年7月5日，第43届世界遗产大会上，中国黄（渤）海候鸟栖息地（第一期）成功列入《世界遗产名录》，成为我国第十四处、江苏唯一的世界自然遗产，填补了我国滨海湿地类世界自然遗产的空白。黄海湿地，这片徐秀娟付出青春和生命、受她精神滋养的土地，其成功申遗，是盐城这座城市践行新时代生态文明思想、贯彻绿色发展理念的成果，必将为盐城可持续发展打下更加坚实的基础，促进盐城人更加积极地做生态文明建设者、绿色发展先行者、制度创新探索者。人类与自然和谐共处的盐城作为，为推动全球自然遗产事业发展作出了中国贡献。

保护生物多样性，实现人与自然和谐共生是徐家三代人的执着坚守，也是新时代推进生态文明建设的重要原则。党的十八大以来，以习近平同志为核心的党中央把生态文明建设摆在全局工作的突出位置，从山水林田湖草的"命运共同体"初具规模，到绿色发展理念融入生产生活，再到经济发展与生态改善实现良性互动，我国生态文明建设从认识到实践都发生了历史性、转折性、全局性的变化，构建人与自然和谐发展的现代化建设新格局取得积极进展，生态文明建设展现出旺盛生机和光明前景，美丽中国新图景徐徐展开。徐秀娟的梦想还在延续，人与自然和谐相处的音符也在我们身边不断唱响！

参考文献

《徐秀娟：首位环保烈士》，《新京报》，2009 年 1 月 9 日。

《我国首位环保烈士徐秀娟的赞歌越唱越响——人与自然和谐共处的盐城作为》，盐城新闻网，2019 年 10 月 22 日。

《盐城纪念环保烈士徐秀娟牺牲 30 周年》，《新华日报》，2017 年 9 月 19 日。

《推进美丽中国建设——党的十八大以来生态文明建设成就综述》，《新华日报》，2017 年 8 月 13 日。

国旗背后的坚守和付出

名称 | "全国优秀共产党员"王继才夫妇在开山岛升起的国旗

年份 | 2018 年

收藏单位 | 中国人民革命军事博物馆

文物等级 | 未定级

在庆祝中国共产党成立100周年之际，刚刚落成的中国共产党历史展览馆隆重举办了首展"不忘初心　牢记使命"中国共产党历史展览。在展柜中，放置着一面被折叠成长方形的五星红旗。这面看似普普通通的国旗究竟为何被中国共产党历史展览馆收录？又因何得以在"不忘初心　牢记使命"中国共产党历史展览首展中亮相？这要从小小开山岛说起。

"一座岛，一面旗，这里就是中国"

北纬34°31′，东经119°52′，距离灌云县燕尾港12海里，突兀地耸立着一座灰色小岛——开山岛。开山岛是我国的黄海前哨，战略位置十分重要。1985年部队撤防后，当地人武部先后找了4批人守岛，他们都因受不了海岛的艰苦生活而放弃，其中守岛时间最长的也只有13天。1986年7月，王继才接到上级交代的任务后，毫不犹豫地拿起背包上了岛。放心不下丈夫的王仕花，辞去工作，上岛与丈夫并肩值守。从此，王继才夫妇成为开山岛的第五批守岛人，这一守就是32年。

在这32年间，无论春夏秋冬，王继才夫妇每天做的第一件事就是让五星红旗伴着朝阳猎猎升起。升旗仪式并不正规，甚至称得上简陋——旗杆是用一根坚韧的长竹改造的，升旗台是夫妇两人用一捧捧水泥和一块块砖砌成的。升旗时，王继才负责升旗，王仕花负责敬礼，他们的姿势虽然不那么标准，但神情坚定而神圣。由于开山岛空气盐分大，国旗经常褪色和破损。几十年来，王继才、王仕花夫妇自费购买了 200 多面国旗，"国旗是中华人民共和国的象征，开山岛虽小，但它是祖国的东门，只有看着国旗在海风中飘展，才觉着这个岛是有颜色的。"①2012 年元旦，天安门国旗护卫队了解到王继才的事迹后，专程从北京送来一座钢制移动升旗台和一面曾飘扬在天安门广场的五星红旗，王继才如获至宝。

在岛上生活，经常遭遇恶劣天气，一次，台风来袭，狂风暴雨打在人身上，连站都站不稳，王继才害怕国旗受损，顶着狂风，跌跌撞撞爬到山顶，奋力把国旗降了下来。回来时，他一脚踩空，滚下 17 级台阶，摔断了两根肋骨，人差点被吹进海里卷走，可手里还紧紧抱着那面国旗，不舍得撒手。第二天，赶来的渔民把他接下岛送进医院。大家纷纷劝他，为了一面旗摔成这样，如果真的命没了，值得吗？王继才却说："守岛这么多年，开山岛就是我的家，如果哪天真出事了，就把我埋在岛上，让我一辈子陪着国旗！"②在王继才心里，国旗比他的

---

① 白光迪：《王继才、王仕花夫妇：守岛卫国，无怨无悔（奋斗百年路启航新征程·数风流人物）》，《人民日报》，2021 年 6 月 22 日。

② 杨绍功：《王继才："让我一辈子守着这面旗"》，《新华日报》，2019 年 10 月 2 日。

性命还要重要。

其实从来没有人要求他们必须每天按时升旗，还有许多人对此表示不解，王继才却说，"守岛就是守国门，开山岛虽小，但领土神圣，必须升国旗！"抗日战争期间，开山岛曾被日军作为跳板登陆灌云，从而入侵我国东部沿海地区，疯狂屠杀我国军民1万多人。王继才将这段历史铭记在心，他反复告诫自己："我不能对不起老祖宗流的血！"①

2018年7月27日，是王继才登上开山岛的第32年零13天。那天，他为即将到来的"八一"建军节准备了一面新国旗，想要献给他热爱的小岛和祖国。可突发的疾病，让他长眠于开山岛——这座他深沉地热爱并为之付出一生的小岛，王继才永远地离开了我们，年仅58岁。

哨所的营房里，一面国旗被整整齐齐放在桌上。那是他生前升过的最后一面国旗，也正是后来被珍藏于中国人民革命军事博物馆的这面看似普普通通的国旗。

"一句承诺，一生守候，守岛就是守家"

开山岛是黄海前哨的一座战略孤岛，远离陆地、四面朝海、

---

① 李灿等：《守岛，就是守国——记新时代的奋斗者王继才》，《新华日报》，2018年9月13日。

一面朝天，其面积仅 0.013 平方千米，两个足球场大小。王继才夫妇刚上岛时，岛上只有几排空荡的营房，岛上怪石嶙峋、寸草不生，夏天烈日灼人、冬天寒风刺骨，没有水也没有电，一盏煤油灯、一个煤炉、一台收音机，就是他们的全部家当。"石多泥土少，台风时常扰；飞鸟不做窝，渔民不上岛"，是当地人对开山岛的真实描述。

岛上长期没水、没电，王继才夫妇过了十多年半饥半饱的日子。没有水，喝水窖里攒下的雨水；没有电，晚上就点蜡烛；没有粮，他们在岛上种菜、捕鱼。风一来，岛就与世隔绝，有一次柴火用光了，夫妻俩一连嚼了 5 天生米。风停后渔民上岛发现他们已经饿得连话都说不出。这样的情况，每年都会遇到一两回。1987 年 7 月，王仕花眼看就要临产，强台风突然来袭，无法下岛。十万火急之下，王继才只能抓起步话机联系县人武部，在政委家属的远程指导下给妻子接了生。伴着孩子的第一声啼哭，王继才找来一把剪刀，颤抖着剪断了脐带。孩子呱呱坠地，连个裹布都没有，王继才撕开身上的背心在开水里一煮，裹在了孩子身上……王继才给儿子取名"志国"，他说："'志'字上面一个'士'，下面一个'心'，就是希望他当一名战士，心中有祖国，立志要报国！"[1]

---

[1] 全国妇联宣传部编：《中国妇女第十二次全国代表大会新闻报道选集》，中国妇女出版社 2019 年版，第 307 页。

　　为了给这座灰色小岛增添一抹绿色，他们克服重重困难，在石头缝里种树栽花。没有土，就托渔民一点点捎来；没有水，就从喝的水中"挤"出来。第一年，栽下100多棵白杨，无一存活；第二年，又种下50多棵槐树，又没活；直到第三年，一斤多的苦楝树种子撒下去，竟然长出一棵小苗，夫妇俩喜出望外。如今，这棵长不高的苦楝树，仍然倔强挺立在岩石上。王继才就像这棵苦楝树，仿佛专为这座岛而生。就这样种了死，死了种，大树旁边种小树，小树下面种瓜菜……年长月久，植物成丛，岛上如今已有百余棵树，还自产蔬菜水果，小岛获得了新生。王仕花说："虽然老王走了，但这座岛已经不再孤独。"

　　风雨之间，岛上的家在倔强坚持，岸上的家也在苦苦支撑。

　　在岸上，3个得不到父母照顾的孩子只能相依为命。一个夏夜，蚊香点燃蚊帐，大火差点把3个孩子烧死。孩子们一气之下让人给岛上送了一张纸条："再不回来，就看不见我们了！"字条上这些字，像是刀剜在夫妇俩心上。王继才心如刀绞，但他咬了咬牙，依然没有下岛。王仕花急急赶回来，把孩子们安顿好就要赶回去。3个孩子一把抱住妈妈的腿，哭着就是不让走。大女儿王苏抹着眼泪赌气说："像你们这样不负责任的父母，就不该要孩子，两个人在岛上过一辈子得了！"

　　守岛32年，王继才夫妇只有5个春节与家人团聚，为了守岛，王继才甚至错过了女儿的婚礼，错过了外孙的出生，错过了与父亲的最后一面……一次次错过，他揪心不已。人家问急了，这个憨厚的七尺大汉只憋出一句话："岛是国家的，我走了，岛怎么办？"他始终没有动摇，"守岛就是守国，守岛也是守家"。

一份责任，一腔热血，"一定把开山岛守好"

守岛 32 年来，灌云县人武部的部长换了 9 个，政委换了 7 个；岸上经济发展得如火如荼，当年从岛上撤下的军人和民兵们，在各行各业大展身手；王继才夫妇却始终像钉子一样钉在这座岛上，以岛为家，32 年如一日排除困难、为国戍海，自己动手修缮营房、建设哨所，每天巡海岛、护航标、升国旗、写日志，坚决与走私、偷渡等不法分子作斗争，相当于连续度过了 16 个义务兵役期。他们把人生最美好的年华无私奉献给海防事业，将枯燥、孤独的日子过成了光辉壮丽的英雄史诗。

1996 年 6 月，"蛇头"王某试图借开山岛中转，组织 49 人偷渡，私自上岛找到王继才，掏出 10 万元现金，要他行个方便，在岛上留这几个"客人"住几天。王继才一口拒绝："我是民兵，只要我在这个岛，你们休想从这里偷渡！"对方恼羞成怒，威胁要让他"吃罚酒"。王继才还是一句话："违法的事，一律不行！"他随即向县人武部和边防部门报告这一情况。最终在他的协助下，这名"蛇头"及其同伙被警方抓获。

1999 年 3 月，不法分子孙某盯上了开山岛。他借口将开山岛"开发成旅游景点"，谋划在岛上开办色情场所。王继才发现后，立即向上级报告。孙某怕王继才把事情搅黄，威胁他："你已经 30 多岁了，死了还值。你儿子可才 10 来岁，要是死了，就可惜了！"王继才毫不畏惧："我是为国守岛，就是死了，组织上也会记得我！你们要是敢干违法的事情，就试试看！"一计不成，又生一计。见来硬的不行，孙某就赔着笑脸掏出一沓钱："只要你以后不向部队报告，赚了钱我俩平分。"王继才依旧严词拒绝。恼羞成怒的孙某带人把王继才拖到码头一顿暴打，还放了一把火，把他多年积攒的文件资料和值守日记全都烧成了灰。王继才始终不让寸步。后来，当地有关部门赶到岛上展开调查，最终将以孙某为首的一批犯罪分子绳之以法。

32 年来，王继才夫妇在与违法犯罪的斗争中练就了一双"火眼金睛"，他们先后向上级报告了 9 次涉嫌走私、偷渡的违法行为，其中 6 次成功告破。提起王继才夫妇，违法犯罪分子心中惧怕，但在渔民眼中，他们是"海上守护神""孤岛活雷锋"。开山岛海域海况复杂，过去卫星导航不发达，王继才夫妇就在岛上亮起航标灯，让过往的渔船看清航道；遇到大雾大雪天，能见度低，他们就在岛上敲响盘子，提醒渔船绕道航行；过路渔民缺粮少药，他俩就拿自己的备用粮食、药品赠送。一次，一条山东籍渔船被海浪打翻，5 名船员落入海中，王继才在观察室发现后，不顾风高浪急，冒着生命危险前去救援，把落水船员一一救上岛。

20 世纪 80 年代刚上岛时，王继才说，这是国家交给他的任务，必须完成；90 年代，他继续守岛时说，是为了履行对组织对上级的承诺；2003 年 10 月，王继才在岛上入党时，他庄严宣誓："对党忠诚，积极工作……随时准备为党和人民牺牲一切……"2015 年 2 月，他在北京参加军民迎新春茶话会时，再次向党和国家承诺："一定把开山岛守好！"

"传承是最好的缅怀"

作为一个普通人，王继才的离去，并没有带走一片朝霞、一朵浪花；作为一名共产党员、一名守岛人，他的事迹和精神感动了中华大地。

习近平总书记对王继才先进事迹作出重要批示："王继才同志守岛卫国 32 年，用无怨无悔的坚守和付出，在平凡的岗位上书写了不平凡的人生华章。我们要大力倡导这种爱国奉献精神，使之成为新时代奋斗者的价值追求。"①

去世后，王继才先后被江苏省人民政府追认为烈士、被中共中央追授为"全国优秀共产党员"，一座岛、一面旗、一生情的故事被全国人民所知晓。2019年7月，包括一面曾在岛上升起的五星红旗在内的25件王继才烈士遗物，被作为中国人民解放军军史的重要见证珍藏于中国人民革命军事博物馆。2021年，在庆祝中国共产党成立100周年之际，"开山岛夫妻哨"事迹陈列馆被列入"全国爱国主义教育示范基地"。

近几年，江苏省市联合组建的王继才同志先进事迹报告团，在中央和国家机关、省内外宣讲达60多场，共计50多万人次现场接受教育。连云港市承办了中宣部2019年先进典型学习宣传培训班，并将中宣部"核心价值观百场讲坛"搬上开山岛，承办了"时代楷模"结对共建活动，举办了王继才铜像捐赠落成仪式等多场全国层面的重要活动；全国文艺工作者也争先恐后地推出反映王继才夫妇先进事迹的一大批文艺作品——京剧《楝树花》、歌曲《守岛人》、海州五大宫调《王继才送嫁》、纪录片《家岛国》、纪实文学《海魂》、话剧《守岛王》、电影《守岛人》等，在全社会持续掀起学

① 《习近平对王继才同志先进事迹作出重要指示强调　要大力倡导爱国奉献精神　使之成为新时代奋斗者的价值追求》，《人民日报》，2018年8月7日。

习宣传王继才同志的热潮。

英雄的光辉事迹被广为传颂，王继才同志身上所体现的崇高精神，感召着一批又一批年轻人接过守岛接力棒。王继才去世后，连云港灌云县向全县招募长期守岛志愿者，有近千人自愿报名，誓要将这份可歌可泣的精神延续。他们想要守的，不仅仅是一座岛，更是一颗爱国奉献、矢志奋斗的初心！自2018年7月以来，先后有三批民兵自愿报名接力守岛，传播、续写着开山岛上的"旗帜故事"，让五星红旗在黄海前哨猎猎飘扬。

"如今岛上的条件改善了、值守模式改进了，但是老所长守岛卫国的精神和传统没变。"开山岛民兵哨所所长陈志显说，"作为新时代的守岛人，我们一定牢记总书记的嘱托，将老所长艰苦奋斗、脚踏实地的精神传承下去。"

英雄离去但精神永存，王继才用生命铸就的"开山岛精神"，已成为新时代奋斗者们追寻的方向。我们要深刻领会习近平总书记重要指示精神，在各自岗位上大力倡导践行爱国奉献精神，超越一己之私、贡献一己之力，让个人命运汇入祖国命运的滔滔江流，在平凡的岗位上书写出不平凡的人生华章！

传承是最好的缅怀，奋斗是最好的告慰！

参考文献

刘已粲:《王继才爱国奉献精神形成持续的感召效应——学习"人民楷模"王继才同志先进事迹座谈会在连云港召开》,《光明日报》,2020 年 8 月 6 日。

单慧粉、程福明、陈楚:《永远的开山岛,永远的王继才》,《中国国防报》,2018 年 8 月 2 日。

《王继才:守岛卫国 32 年》,《共产党员（河北）》,2019 年第 2 期上。

为民

一件红马甲　温暖一座城

名称| 国家电网江苏电力（如东公司退役军人）共产党员服务队"红马甲"

年份| 2001 年

收藏单位| 国网如东供电公司

文物等级| 未定级

在国家电网江苏电力（如东公司退役军人）共产党员服务队展厅中，有一件印记斑驳的"红马甲"。在红色马甲的背后，印着四个明亮的黄色大字"共产党员"。一件马甲上为什么印着"共产党员"四个字？其又藏有怎样的故事？这就要从这件红马甲的诞生说起。

"您好，这里是如东供电共产党员服务队。"电话铃响，话筒里传来亲切的话语，"请问，有什么可以帮您的？……"

其实，这样的热线电话，当初并不被看好。谁不知道，有些行业的热线电话，公布得煞有其事，转眼间停留在纸上，打不通是常态，打通了也是难有下文。

如东供电共产党员服务队，半年后在不在？在！而且一在，就是 20 多年。

而这每一通电话背后，都牵动着"红马甲"。

从无到有，"红马甲"有难必帮进万家

如东地处南黄海一隅，在20世纪90年代，受生活习惯影响，百姓居住多以自建房为主，而且不少居民的住房都建于20世纪五六十年代，房子老，电力线路旧，经常发生用电故障，如东县供电公司每天不断接到报修电话。由于线路长期超负荷运行、雷暴天气等原因，有时候停电一停就是一大片地区，老百姓怨声载道。

当时，缪恒生所在的如东公司电力抢修班在抢修时往往顾上了这家，就耽误了那家，相比接报修电话，抢修工作不仅辛苦还经常受委屈。1998年底的一天，抢修班在进行政治学习的时候，正好看到《人民日报》上的一篇文章，说的是在东北，有几个人穿着印着"共产党员"字样的红马甲，也在做着维修服务的事。大伙儿就商量着，红马甲既能体现出党员的身份，又能代表火一般的服务热情，大伙儿能不能也像他们一样穿着红马甲去抢修？他们把想法跟领导汇报后，很快就被通过了。没过几天，两件背后用油漆写着"共产党员"四个大字的红马甲就被送到了班组。队员们你看看我，我看看你，又不太乐意了，说穿上这红马甲，就像套上紧箍咒似的。缪恒生二话没说，带头穿着红马甲就出去抢修了。一开始，用户总是盯着他们的衣服瞧，甚至有用户嘲笑他们，"这是来作秀的吗？"当时，缪恒生想，就算解释也没用，还是得靠行动。就这样，他们一直坚持着，抢修班队员们也渐渐习惯了出去便套上红马甲。

2001年7月，那是一个雨过乍晴的夏日，由缪恒生等4名退伍军人和2名入党积极分子组成的国家电网江苏电力（如东公司退役军人）共产党员服务队正式成立，由缪恒生担任首任队长。从此，一支穿着印有"共产党员"4个大字红马甲的6人共产党员服务队，穿梭在大街小巷为民众进行保电抢修服务。

"随叫、随到、随修，你穿上红马甲就代表了供电公司共产党员的形象。"建队伊始，队员们大力发扬"特别能吃苦、特别能战斗、特别能忍耐、特别能奉献"的精神。他们穿上红马甲，亮出党员身份，在江苏电力系统第一个向社会公开承诺：随叫、随到、随修，24小时值班，365天无休。没有值班室，他们就在单位支持下买了行军床，睡在营业厅，将热线电话放枕边。在那个电力行业被称为"电老大"的年代，这样自降身段之举让人耳目一新，很快"用电有困难，就找红马甲"在当地传为佳话。群众评价说：供电公司的"红马甲"随叫随到，比"110"来得还快。一时间，共产党员服务队这群红色的身影，成了小城一道靓丽风景线，走进了千家万户的心坎里。

从有到精，"红马甲"初心为民永不改

2002 年盛夏的一天，结束了一天抢修任务的队员们回到食堂刚刚端起饭碗，值班电话突然响起——黄海路三元小区全部停电。放下饭碗，队员们立即赶到现场，原来小区配电箱被严重烧毁，需要立即更换。队长缪恒生毫不犹豫，当即钻进了两米多深的电缆井里。狭窄的井内，温度高达四五十摄氏度，加之电缆烧焦的烟熏味，呛得人直咳嗽。缪恒生用湿毛巾捂住口鼻，半蹲半跪托举着几十斤重的电缆，半个多小时后，配电箱与地面成功分离，浑身湿透的他却瘫坐在井里，几近昏迷。

2004 年 4 月 27 日上午，掘港镇中心医院院长徐海峰打来电话，由于医院忽视了停电通知，安排了手术。"病人上了手术台，无影灯却灭了！这可怎么办？"一场与生命的赛跑随即展开，队员放下电话，带上移动发电机，直奔到医院，从接电话到灯光亮起不到 20 分钟。

把人民的需要看得最重要，才会有这种发自内心的奉献精神。2008 年，中华全国总工会授予如东公司退役军人共产党员服务队"全国用户满意服务明星班组"的荣誉称号。缪恒生从北京领奖回来那天正好是除夕，公司领导下了死命令："今晚不许加班，必须回家吃饭。"缪恒生亲自下厨做了年夜饭，他的妻子徐秀琴拿起筷子时却哭了。

10年后的2018年，徐秀琴接受央视七套采访时说："从服务队成立到2013年退休，老缪只有那一个除夕在家吃饭。大年三十家家团圆，我们家没有，家家欢声笑语，我们家没有。服务队这些人，这么多年为群众真不容易！"

急难险重，"红马甲"迎难而上向前进

2020年，面对突如其来的新冠疫情，如东公司退役军人共产党员服务队迎难而上，在"疫"线面前彰显共产党员的责任担当，汇聚起同心抗疫、共克时艰的磅礴力量。他们以无私奉献、责任担当的精神，牢牢守住电力生命线，构筑起坚实可靠的疫情"防控墙"。

2020年1月26日，如东公司退役军人共产党员服务队第一时间履行"若有战、召必回"的誓言，自发签下请战书，发扬"越是艰险越向前"的斗争精神，用实际行动体现退役军人的担当。党员服务队承担了县内5家防疫定点医院、3家防疫物资生产企业以及数十家重点场所的供电保障任务，每日对防疫定点医院进行巡视，第一时间为防疫物资生产企业进行复工检查，保障企业早复工不误工。

2020年2月4日，一则来自江苏省如东县卫健委的《如东血库告急！期待您奉献一份爱心！》献血倡议书在朋友圈疯

传，服务队在了解情况后立即响应，队员们自发赶来，献血近 10 000 毫升，以身体力行的方式践行最美逆行者精神，用热血点燃生命的希望。

"危险的地方我们去！"接到驻地政府关于参加县城无物业小区封闭管理值勤的通知，服务队队员又主动请缨，32 名队员率先上岗，成为公司驻卡口值勤的主力军。一方面，他们要保障县城供电线路的安全；另一方面，他们要坚守卡口阵地。两个多月来，他们不是在线路抢修的路上，就是在值勤的卡口上，为进出小区居民测量体温、发放车辆通告证，先后拦截 39 名外来人员，被小区居民称作"社区守门人"。此外，在疫情暴发的第一时间，服务队自发捐款，24 小时内累计募捐 31 600 元，并交给如东县红十字会专项用于抗疫防疫。

踏石有印，抓铁有痕，越是急难险重越向前。2021 年4 月 30 日，强对流天气突袭如东，党员服务队第一时间到岗到位，火速为县供水中心接通应急电源恢复民生用水，有力有序处置灾情，抢修倒杆断线恢复供电，得到了地方党委政府和人民群众的高度评价。

这群"红马甲"始终把"有呼必应、有难必帮"作为历久弥新的鲜明底色，将人民放在心中最高位置，从点亮百姓"心头灯"到奋战"疫"线，他们一路同行。在纷繁密集的浩瀚电网中，他们有不可或缺的位置，个顶个是不怕吃苦的技术能手，十分珍惜自己所在团队的集体荣誉。回到家中，他们也是普通的儿子、丈夫和父亲，也有日常情感、苦乐年华，并没有三头六臂，但他们有着金子一样纯粹的心地，非亲非故，却古道热肠。他们是这样平凡，淹没于人海中毫不出众，但也这样的不平凡，用退役军人的血性和担当，有力地肩负起呵护万家灯火的使命。

20多年来，这支共产党员服务队先后荣获"全国学雷锋活动示范点""中国好人""全国最美退役军人""全国用户满意服务明星班组""国家电网有限公司金牌共产党员服务队""国网楷模"及江苏"时代楷模"等28项地市级以上称号，涌现出江苏省"道德模范提名奖"、江苏省"五一劳动奖章"、国家电网公司"优秀专家后备人才"、江苏省电力公司劳动模范等先进模范人物10人，成为国家电网系统践行"人民电业为人民"企业宗旨的杰出代表。

时光飞逝、初心不改，这支"红马甲"服务队始终坚守为民服务第一线，他们穿戴着那一片红色穿梭于大街小巷，行走在乡村田野，深深地印在了老百姓的心里。受如东这支共产党员服务队事迹感召，全省电力系统优秀党员自发集结，从2001年的6人到如今的3 000余人，一支又一支共产党服务队在江苏大地相继成立，全省现有服务队100余支。

百支队伍，有一个共同的名字，叫"共产党员"。20多年来，这 100 支"红马甲"服务队将党的关怀送入千家万户，用真情点亮万家灯火，坚持开展惠民专项行动 30 余项，对口帮扶 1.2 万余名困难群众；始终坚守在服务发展主阵地，累计开展科技攻关 7 万余项，获得实用新型专利发明 1.1 万余项；在党的十九大、G20 峰会等重要活动期间，主动承担 3 000 余项保电任务，累计投入队员 3.6 万余人次；始终坚守在攻坚克难最前沿，12 批 290 名队员参与东西部电力事业发展帮扶。累计收到各类锦旗、感谢信、表扬信达 1.8 万余件。

风里雨里，国家电网江苏电力共产党员服务队始终将党和人民赋予的责任扛在肩头，把老百姓的冷暖与期盼放在心里，从 1 支队伍到 100 支队伍，"红马甲"红遍城乡，洒满了江苏大地。

参考文献

陆华东：《"有困难，就找红马甲！"——他们用心点亮万家灯火》，新华社，2020 年 3 月 30 日。

《这支共产党员服务队，初心为民 20 年》，国家电网报新媒体，2021 年 8 月 30 日。

史一棋、陈磊：《江苏如东退役军人党员服务队："苦活累活，我们来带个头！"》，《人民日报》，2019 年 12 月 26 日。

抗疫见证物——为明天收藏今天

名称 | 江苏省人民医院援武汉医疗救援队全体队员签名的防护服

年份 | 2020 年

收藏单位 | 南京博物院

文物等级 | 未定级

己亥末，庚子春，大疫突至，九省通衢湖北武汉疫情告急，恰逢人口流动规模最大的春节假期，全国上下都面临着疫情威胁，一座座城市仿佛瞬间被按下了暂停键。在这危难时刻，全国人民众志成城、齐心抗疫，谱写了一曲曲生动感人的"抗疫之歌"。为保存抗疫历史，传承战"疫"精神，2020 年 3 月 18 日，国家文物局印发《关于新冠肺炎疫情防控代表性见证物征集和保存工作的通知》，号召各地博物馆在做好疫情防控的同时，有序开展抗疫见证物的征集和保存工作。5 月 18 日，在"5·18 国际博物馆日"中国主会场活动的开幕式上，医护人员将 20 余件"抗疫见证物"无偿捐赠给了南京博物院。江苏省人民医院援武汉医疗救援队全体队员签名的防护服、江苏省人民医院援武汉医疗救援队队旗正是其中极具代表性意义的物证资料。

"为明天收藏今天"

南京博物院发布征集抗疫见证物的公告以来，在江苏省卫健委的支持和协调下，奋战在抗疫一线的医护人员踊跃捐赠，共收到 100 多件捐赠物品，捐赠者中既有个人，也有团体。经过专家审核、筛选，最终选定了 24 件物品为"抗疫见证物"。除了江苏省人民医院援武汉医疗救援队全体队员签名的防护服、江苏省人民医院援武汉医疗救援队队旗之外，还有金银

名称 | 江苏省人民医院援武汉医疗救援队队旗
年份 | 2020 年
收藏单位 | 南京博物院
文物等级 | 未定级

潭医院全体员工签名的防护服、湖北当地医院赠送的锦旗、
武汉市交管局赠送的汉警快骑模型、湖北书画家赠送的书画
作品、江苏省援湖北医疗队队旗、国家应急救援队队服……
每一件抗疫见证物的背后都蕴含着感人至深的故事、凝聚着
全体医护人员的艰辛与汗水，弥足珍贵。

　　"这件防护服上有所有医护人员的签名，在武汉抗疫一线，
我们穿上防护服平均 4—6 小时不吃不喝，而在进行 ECMO（俗

称人工肺）手术时，医护人员更是要穿到 10 个小时以上。"捐赠仪式现场，江苏省人民医院副院长刘云动情地说道。她表示，江苏省人民医院支援武汉医疗队的 208 名医务人员，于 2 月 13 日奔赴武汉前线，先后接管了武汉市第一医院和金银潭医院的重症监护室，一共奋战了 61 天，这其中经历了太多的故事和感人瞬间，而这些捐赠物承载了医疗队所有人共同的珍贵记忆。

在捐赠物品中，江苏省人民医院援武汉医疗救援队的队旗格外引人注目，它见证了医患携手与病毒顽强抗争的艰辛历程，"这面旗帜在医疗队驻地的酒店大厅悬挂了整整 61 天，每天我们都会在这面旗帜下进行例会，一些重要的活动也在旗帜下举行。"刘院长介绍说，"经过不懈的努力，医疗队圆满完成了抢救危重症病人的任务，而在抗疫中激发出来的战斗精神，也将继续指引我们在今后的工作中，更加努力地为全社会提供优质的服务。"

南京博物院征集部主任李竹表示："为明天收藏今天，是对这场战'疫'的铭记，这些抗疫见证物将会让更多观众了解战'疫'故事，将抗疫精神继续弘扬下去。"

"岂曰无衣，与子同袍"

"生命重于泰山。疫情就是命令，防控就是责任！"面对"大考"，在以习近平同志为核心的党中央领导下，一场疫情防控的人民战争、总体战、阻击战迅速打响。江苏省委、省政府以责任担当之勇、科学防控之智、统筹兼顾之谋、组织实施之能，带领 8 000 万江苏人民，夺取了湖北和江苏两个战场、疫情防控和经济社会发展两个领域的"双"胜利！

新冠疫情暴发后，江苏省积极响应党中央号召，第一时间驰援湖北。1 月 25 日，第一批医护出征；1 月 28 日，第二批医护出征；2 月 2 日，第三批医护出征……13 个批次、共 2 813 名江苏"白衣战士"挥别家乡，奔赴湖北战场。从大年初一第一批医护人员驰援，到 4 月 13 日最后一批医护人员撤回，江苏省援湖北医疗队共参与了 15 家定点收治医院和 3 家方舱医院的医疗救治，在整整 80 天里共收治患者 5 500 余人，其中重症危重症 1 400 余人，累计治愈出院 3 400 多人。他们"用自己的命守护患者的命"，在荆楚大地留下了"确诊病例清零、疑似病例清零，治愈率达 96% 以上"的战绩，圆满实现了"打胜仗、零感染"的目标。江苏也因此成为全国派出医务人员最多、驰援最早、撤离最晚的省份，得到了中央指导组医疗救治组的高度肯定——"支援人数最多、参战最早、最不讲条件、做得最好的省份"。①

根据国家卫生健康委员会统一安排，4 月 15 日前，所有援鄂医疗队撤离。但还有一支 20 人的专家团队，作为国家专家督导组留守武汉，攻坚最后的"重症堡垒"，其中江苏医生 10 人，占据了"半壁江山"。他们在防疫救治战场上与死神较量，书写了一阙荡气回肠的英雄史诗。

邱海波正是国家专家督导组的成员之一。2020 年新冠疫情发生后，邱海波作为中央指导组医疗救治组专家、国家卫健委专家组成员，第一时间奔赴武汉。支援武汉期间，邱海波每天工作 12 小时以上，坚守在金银潭医院、武汉市肺科医院等医院重症病区，近距离救治重症患者，连俯卧位通气这样的"力气活"也是亲自上阵，大家称"他是一个把患者看得比自己生命还重要的人"。邱海波前后参与《新型冠状病毒肺炎诊疗方案》第 2 版到第 8 版的制定工作，为重症、危重症患者的救治明确了规范，第一时间提出专家下沉、全国驰援、方舱医院等多项极具战略意义的建议。在他的带领下，"航母战队"发展成国内顶尖医疗团队，在战"疫"中立下赫赫战功。

奔赴武汉并不是邱海波的第一次"出征"："非典"疫情、

---

① 顾敏：《大战大考中，交出"双胜利"的出色答卷》，《新华日报》，2021 年 3 月 4 日。

汶川地震、甲型 H1N1 流感疫情、玉树地震、H7N9 禽流感疫情……邱海波总是在国家最需要的时候挺身而出，白衣执甲，救死扶伤。2020 年 4 月 24 日，武汉重症患者清零，湖北疫情形势基本稳定，他即刻辗转黑龙江、吉林、新疆、辽宁等地指导抗疫。整个 2020 年，邱海波有 210 天在"抗疫前线中的前线"冲锋陷阵。2021 年，邱海波又多次闻令而动，先后出征沈阳、绥化、大连、云南、南京、扬州、福建、甘肃等地。两年内，邱海波 15 次出征，累计战"疫"430 多天，被誉为抗疫"压舱石"，先后荣获"全国抗击新冠肺炎疫情先进个人""全国优秀共产党员""全国敬业奉献模范"和江苏"时代楷模"等称号。

不只医护人员，江苏人民也一直奋战在支援湖北的前线。一大批江苏重点行业企业响应政府号召，复工复产，马力全开，与时间赛跑，加班加点，增产、扩产、转产，为战"疫"一线持续供应"粮草弹药"。众多知名企业纷纷以最快速度跨界转产防疫物资，每个人心头都有一个强烈的念头："多赶制一件，前线就多一份保障。"疫情发生后的短时间内，江苏省口罩产量从每天 200 多万只增至 2 300 多万只，医用防护服产量从每天不足 1 万套增至近 12 万套；在疫情最紧急时刻，江苏向国家调出医疗物资 2 327 万件，支援湖北 294 万件，支持对口援建、帮扶省份、帮扶地区 240 万件。此外，从政府到民间、从组织到个人，捐钱捐物，慷慨解囊。据统计，江苏仅专项援助黄石市的款物就达 8 000 万元以上，其中资金 3 538 万元，物资 71 批次、191 万件，估值 4 500 余万元。为将捐赠物资尽快送达，江苏开通应急防疫物资绿色通道 300 多个，可随时调用的客货车达 1 000 多辆，民间企业甚至用私人飞机为武汉运输紧急医疗物资。10 天左右便完工的火神山、雷神山医院，背后都有着江苏企业和工人的身影。

疫情当头，举国同心，守望相助，众志成城。在 2020 年全国抗疫斗争中，江苏奔赴湖北抗疫前线的医护人员最多，达 2 800 多人；同时江苏全力组织相关企业复工复产，生产的抗疫物资数量也是全国第一，总复工企业高达 4 万多家，在抗疫大局中展现江苏担当、江苏贡献。抗疫无国界，患难见真情。江苏也没有忘记曾经伸出援手的国际友城、国际友人，在他们遭遇困难时加倍予以回赠，先后派出 30 多名专家赴委内瑞拉、巴基斯坦等国指导抗疫，承办 24 场国际抗疫交流会，及时分享抗疫经验，践行人类命运共同体理念，充分展现了江苏人的胸怀和境界。

"本土抗疫，早字当头"

在坚持"全国一盘棋"，全力驰援湖北的同时，作为抗击疫情重要战场、重要阵地的江苏，全省上下勠力同心，"迎战疫情",守好了自己的"责任田",交出了一份优异的疫情防控答卷。作为常住人口超 8 000 万、流动人口超 2 000 万的人口大省,江苏在全国确诊病例 200 人以上的省(区市)中,是唯一保持新冠肺炎患者"零病亡"、医务人员"零感染"的省份。

2020 年 1 月 22 日,江苏公布第一例确诊病例;23 日,宣布取消公众聚集性活动、关停所有非必需的公共娱乐场所;24 日,启动重大突发公共卫生事件一级响应……出手狠、准、稳、快,这得益于江苏在实践中摸索出来的"大数据 + 网格化 + 铁脚板"的创新模式。

1 月 19 日,江苏率先建立起一支"大数据研判战队",第一时间实行省际交通管控,高效开展重点地区重点人员动态信息分析,并将往来湖北地区人员数据反馈至各市县,以最快速度锁定靶向目标,尽最大可能切断疫情传播渠道。2 月 16 日,武汉部署在全市开展为期 3 天的集中拉网式大排查,要求做到"不漏一户、不漏一人",此轮排查对阻断新冠肺炎传染源、防止疫情扩散发挥着至关重要的作用。鲜有人知的是,早在 1 月 24 日,武汉封城的第二天,南京就启动了这样一场大排查,针对的是半个月来有武汉行程史的人员。得益于近几年江苏率先以省域为单位,织起了一张由 12 万张小网组成的大网,疫情发生后,30 万网格员闻令而动,随时接受指挥部的"数据指令"，在各自防区内靶向找人，核实关键信息，及时反馈指挥部。疫情期间，30万网格员累计排查走访5 106.6万户、1.3亿人次，为居家隔离人员提供服务545.6万次，发现有关线索40.6万余条；为做到逢车必查，逢人必测，交通运输和公安部门平均每天超过4万人奋战在全省1 400多个疫情查控点，夙夜值守、风雨无阻。广大社区工作人员、公安民警辅警、基层干部和志愿者不分白天黑夜，不顾寒风冷雨，驻守城乡各地，奔忙防控一线。此外，3月初，江苏就开始在全省范围推行"苏康码"，对人群进行分类管理；企业也自觉夯实主体责任，落实人员摸排、检疫检查等措施；学校强化管理，推迟复学、制定开学防控工作手册……江苏真正做到了全社会参与、全方位布局、全人群防控，这正是江苏防疫的"硬核"所在。

科学防控同时，本地医疗救治也迅速有序地展开。1月底，江苏卫健委秉承"早发现、早报告、早隔离、早治疗"的原则，将原先由省疾控中心检测确认的权限，下放到市级疾控中心，同时抽调83名医疗专家和50多名技术骨干，长期驻守各区市防疫中心开展指导，全系统近6万人参与流行病学调查，率先提出在有条件的中心城市建设一批紧急时、平时结合的收治床位。大年初三，南京就开展了应急扩容工作，按照"四集中"原则统筹医疗资源，对确诊病例实行"一人一方案""一人一小组"，有效防止轻症转重症、重症转病亡。631例本土确诊病例全部治愈出院，还成功完成全球首例新冠肺炎患者肺移植手术，创造了救治奇迹；江苏 32 万医卫人员奋战抗疫第一线，从 10 个月的婴儿到 97 岁的老人，没有遗漏一名感染者，没有放弃一名病患……从 2020 年 1 月 22 日确诊首个病例，江苏用 28 天时间实现本土确诊病例"零新增"，再用 25 天时间实现本地确诊病例全部治愈"清零"，在全国较早控制住疫情，最大限度地降低感染率，实现"零病亡"。在此次疫情中，江苏的医治救治水平经受了严峻考验。一次次化险为夷的背后，是江苏全省各地自疫情暴发之初就建立的"发热—诊断—治疗—出院健康管理"的闭环管理模式，是江苏在实践中总结出的"早、全、实、细、强、爱、严、新、稳、管"的"十字要诀"。

截至 2020 年 4 月 22 日，江苏省医务人员零感染、确诊病例零死亡；连续 64 天本地确诊病例零增长；面对百年未遇的疫情，全省各地水未断、电未停，物资供应通畅，物价基本平稳，社会秩序安定，充分展现出"苏大强"的宽厚肩膀。

"天行健，君子以自强不息。"在同这场百年不遇重大疫情的殊死较量中，全国人民在党的坚强领导下，万众一心、众志成城，铸就了"生命至上，举国同心，舍生忘死，尊重科学，命运与共"的伟大抗疫精神，这是新时代中国精神的又一个生动诠释，既是时代精神的展现，也是中华民族精神的丰富和发展。今天的中国站到了历史交汇点上，站在了迎接民族复兴的曙光面前。为此，我们应当继续发扬伟大抗疫精神，抱定敢打硬仗、拼搏到底、不达目的誓不休的宗旨，用钉钉子的精神扎实做好每项工作，直至最终实现民族复兴的伟大梦想！

参考文献

习近平:《在全国抗击新冠肺炎疫情表彰大会上的讲话》,《求是》,2020 年第 20 期。

王慧:《国际博物馆日　为明天收藏今天！他们向南京博物院捐赠了一批珍贵的"抗疫见证物"》,新华报业网,2020 年 5 月 18 日。

陈刚、刘巍巍、郑生竹:《"多赶制一件，前线就多一份保障"——江苏一批企业"火线"转产防疫物资》,新华网,2020 年 2 月 12 日。

沈峥嵘:《抗疫英雄邱海波荣膺江苏"时代楷模"荣誉称号》,《新华日报》,2020 年 3 月 17 日。

杭春燕等:《八千万人同一心　众志成城战疫情》,《新华日报》,2020 年 4 月 27 日。

徐秀丽、李瑞:《一批抗"疫"代表性见证物入藏南京博物院》,《中国文物报》,2020 年 5 月 19 日。

后记

　　一物胜千言，睹物更思史。当编写组完成《革命文物青年说》书稿，再次去触摸这些深沉而又鲜活的文字时，内心的触动依然如初。革命文物承载党和人民英勇奋斗的光荣历史，记载中国革命的伟大历程和感人事迹，是党和国家的宝贵财富。一本破旧的日记，几张旧报纸，以及一封又一封烈士家书……每一件文物都是一段历史，每一段历史中都有动人的故事，每个故事中都蕴含着一段精神。陈独秀曾经说过，"青年之于社会，犹新鲜活泼细胞之在人身"。当广大中国青年走近革命文物，当新时代与历史发生碰撞，新时代的中国青年更应背负起新时代的新使命。

　　近年来，随着红色历史挖掘的不断深入，一件件文物背后的故事也被一一挖掘出来。在编写《革命文物青年说》的过程中，参与编写的同志们在一次次靠近这些革命文物的过程中，内心都向那个叫"信仰"的"光"一点点靠近。

革命文物是跨越时空的种子，见证了中国共产党江苏历史上具有重要意义的重大事件，如"八号门事件旧址"，体现了江苏的中国共产党人坚定信仰、敢为人先、不惧艰难、敢于牺牲的革命精神；那根山东莱阳县民工、特等功臣唐和恩用过的刻满文字的小小"竹竿"，揭开了淮海战役背后令人动容的军民故事和中国共产党人的胜利密码；还有抗击疫情过程中，那永不褪色的"红马甲"所体现的"生命至上，举国同心，舍生忘死，尊重科学，命运与共"的抗疫精神。革命文物的生命力在于挖掘出新的时代内涵，彰显出新的时代价值，激励党员干部坚定不移走好新时代"赶考"路。

知其所来，识其所在，才能明其将往。书中还有一封封红色家书，讲述早期共产党人伟大的家国情怀。雨花英烈史砚芬牺牲前在给弟弟妹妹的书信中写道："我的死是为着社会、国家和人类，是光荣的，是必要的。我死后，有我千万同志，他们能踏着我的血迹奋斗前进，我们的革命事业必底于成，故我虽死犹存。"无论是雨花英烈的一封封家书，还是"京电号"

背后的波涛汹涌，它们穿过乌云蔽日的黑暗岁月，党心照耀之处，皆为一片光明。

就像一滴水可以折射太阳的光辉，一件看似不起眼的文物同样可以记录时代风云。"三个不相信"诠释了杨根思乃至全体志愿军将士钢铁意志，"京电号"破译了成功背后的密码，"戴场村里的最后一盏煤油灯"里的一段对话擦亮了为人民服务的初心，"上塘石碑"刻下了"江苏农村改革第一村"的奔梦故事……

据统计，江苏全省共登记不可移动革命文物1 031处，其中全国重点文物保护单位24处，省级文物保护单位87处、市县级文物保护单位456处。革命专题博物馆和纪念馆53家，国有收藏单位收藏革命文物48 840套，遍布于全省的纪念馆、纪念地、革命旧址、烈士陵园等。

编著这本书的过程中，我们还发现了许多未能选入书中，也没有被认定为革命文物，但被老兵、老党员、普通群众珍藏着的一件件历经几十年甚至近百年风雨的物品。它们可能是一枚抗日战争期间获得的军功章，抑或是一枚抗美援朝纪念章、一件新中国建设时期的劳模瓷缸……这一件件物品，同样能带我们穿越历史，去回望来处，找寻一段段不能忘却的记忆。

记忆让红色基因觉醒，让信仰种子发芽。我们自开蒙之日，就知道"红领巾是红旗的一角，是革命先烈用鲜血染成的"，我们的血液里天然就流淌着红色基因，心底里自始就埋藏着信仰的种子。编写这本《革命文物青年说》与其说是"追寻"，不如说是"传承"。革命年代的青年们与侵略者誓死抗争，共赴国难，血洒疆场。他们执着坚定的信念，强烈炽热的爱国情怀及伟大的爱国壮举，是极为宝贵的精神财富，值得我们永远铭记与传承。和平年代，青年赓续了这份奔梦的信仰，他们中有"八一勋章"获得者杜富国，有"献身国防金质纪念章"获得者谢樵，有用生命坚守初心使命的"第一书记"黄文秀……

五四运动唤醒了一代青年，却点燃了几代人的青春。百年前，一代青年为中国该向何处去而艰难求索；今天，吾辈青年当手持历史的接力棒，勇做走在时代前列的奋进者、开拓者，做红色基因的传承者，做信仰的种子，做复兴路上的燎原星火。

编　者

2022 年 7 月